Phönix aus der Asche

*Gewidmet Elisabeth Piirainen (1943–2017)
und dem Team von »Widespread Idioms in Europe and Beyond«
der Universität Trier*

DUDEN

Rolf-Bernhard Essig

Phönix aus der Asche

Redensarten, die Europa verbinden

Mit Illustrationen von Till Laßmann

Dudenverlag
Berlin

Inhalt

I. **Wie Hund und Katze?**
   Europas sprichwörtliche Redensarten und ihre gemeinsamen Wurzeln 6

II. **Einen Spaten einen Spaten nennen**
   Wie Erasmus von Rotterdam und die Humanisten Europas Sprachen beflügelten 12

III. **Wasser auf unsere Sprachmühlen**
   Die wichtigsten Quellen für europaweit gebräuchliche Redensarten 22

   Achillesferse und Fass ohne Boden
   Antike Mythen als Quelle sprichwörtlicher Redensarten in Europa 23

   David und Goliath streuen Perlen vor die Säue
   Die Bibel als Quelle sprichwörtlicher Redensarten in Europa 33

   Krokodilstränen im selben Boot
   Die antiken Wissenschaften und Weisen als Quelle sprichwörtlicher Redensarten in Europa 48

   Im Zweifel für den Angeklagten
   Das antike, besonders das römische Recht als Quelle sprichwörtlicher Redensarten in Europa 62

   Eine Schwalbe macht noch keinen Löwenanteil
   Antike Fabeln und ihre Nachfolger als Quelle sprichwörtlicher Redensarten in Europa 72

Die Siebenmeilenstiefel, der Krug und die rollenden Steine
Märchenredensarten und mittelalterliche Sprichwortweisheiten
in Europa 80

Der letzte Mohikaner kämpft gegen Windmühlen
Literatur als Quelle sprichwörtlicher Redensarten in Europa 91

Bei Waterloo ist Polen noch nicht verloren
Historische Anekdoten und Begebenheiten als Quelle sprichwörtlicher
Redensarten in Europa 104

Dolce Vita spielt eine große Rolle
Theater und Film als Quelle sprichwörtlicher Redensarten in Europa 116

Eine schweißtreibende Art von Mord
Sport und Spiel als Quelle sprichwörtlicher Redensarten in Europa 126

Chinesisch, Spanisch, Volapük
Über die Fülle des Unverständlichen 135

IV. Europa bei den Hörnern packen!
Ein kurzes Nachwort 138

Dank 140

Literaturverzeichnis 140

Register 142

Impressum 144

I. Wie Hund und Katze?

Europas sprichwörtliche Redensarten und ihre gemeinsamen Wurzeln

Europa lässt sich vielleicht noch schwerer bei den Hörnern packen als ein Stier. Wie in einem Sack Flöhe geht es in den politischen und geografischen Grenzen des Kontinents zu. Und manchmal benehmen sich die einzelnen Staaten wahrlich wie Hund und Katze. Die Menge der Unterschiede scheint noch die größte Gemeinsamkeit zu sein. Die bedingt freilich auch seinen kulturellen Reichtum. Gerade im Bereich der sprichwörtlichen Redensarten wartet denn auch eine schöne Überraschung: Neben einer Überfülle an Unterschieden gibt es eine gar nicht kleine Zahl an Übereinstimmungen.

Dabei lautet doch ein Gebot beim Fremdsprachenlernen: »Du sollst Redensarten nicht wörtlich übersetzen!« Stimmt! Zu eigentümlich sind sie der jeweiligen Sprache. Genau daraus beziehen Spaß-Übersetzungen wie *not the yellow from the egg* ihren Witz. Ein Engländer spräche ja nicht vom »Gelben des Eis«, sondern würde sagen, dass etwas »nicht genau die Knie der Biene« *(not exaktly the bee's knees)* oder »nicht gerade das Größte seit geschnittenem Brot« sei *(not the greatest thing since sliced bread)*. Beide Redensarten wären dafür im Deutschen, Italienischen, Finnischen oder Russischen eher unverständlich. Ebenso käme es uns spanisch vor, wenn ein Italiener von seiner »Reise der sieben Kirchen« erzählte: Er meint damit etwas, das wir eher als »eine wahre Odyssee« bezeichneten, eine lange und wirre Tour durch Ämter oder von Arzt zu Arzt.

Eine Odyssee mit schönstem Ergebnis erlebte die großartige, fleißige und geniale Forscherin Elisabeth Piirainen, ohne die dieses Buch hier unmöglich gewesen wäre. Deshalb ist es ihrem Andenken auch in tiefer Dankbarkeit gewidmet. Sie kam nicht als Erste auf die Idee, sprichwörtliche Redensarten zu suchen und zu untersuchen, die in Europa gleichen Ursprungs sind und sich deshalb gleichen. Sie war aber die Erste, die Ernst damit machte. Sie rief das Forschungsprojekt »Widespread Idioms in

Wie Hund und Katze?

Europe and Beyond« an der Universität Trier ins Leben. Über viele, viele Jahre stellte sie mit Unterstützung bedeutender Kollegen und Kolleginnen und vieler Dutzend Gewährsleuten in zwei dicken Bänden ihre Ergebnisse vor. In ihnen findet man über 470 in 73 europäischen Sprachen weit verbreitete Redensarten, ihre Hintergründe und Bedeutungen. Sprachen mit vergleichsweise wenigen Sprechern und Sprecherinnen zählen dazu wie Karelisch, Obersorbisch, Westfriesisch, Okzitanisch, aber auch mittlere wie Katalanisch, Baskisch, Bulgarisch oder Finnisch. Ihre Ergebnisse gehen über Europa im engeren Sinn hinaus. So untersuchte das Team auch oft Türkisch, Armenisch, Georgisch, zuweilen Japanisch, Chinesisch, Koreanisch, doch darauf gehe ich nur selten ein. Piirainen und Kollegen beschränkten sich auf Redensarten, ließen die Sprichwörter im engeren Sinn, also vollständige Sätze mit einer Lehre in gehobener Sprache, sogar weg. Bei ihr sucht man also vergeblich nach: »Eine Hand wäscht die andere.« Das wiederum untersuchte zum Glück ihr Kollege Gyula Paczolay in dem Band »European Proverbs in 55 Languages«, dem ich hier ebenfalls von Herzen danke.

Ein paar erstaunliche Ergebnisse vorweg: Piirainen und Kollegen belegen, dass man in 69 Sprachen Europas mit dem Ausdruck »wie Tag und Nacht« etwas bezeichnet, das absolut unterschiedlich ist. In 68 Sprachen beschreibt man unversöhnliche Streithähne mit der Redensart »wie Hund und Katze sein«. In 64 Sprachen kann man Assistentinnen »die rechte Hand von jemandem« nennen, und in ebenso vielen kennzeichnet die Risikofreudigen, dass sie »mit dem Feuer spielen«. In 62 Sprachen Europas gibt es die Brut-, Schutz- und Unterstützungsredensart »jemanden unter die Fittiche nehmen«, und in ebenso vielen »rauft man sich die Haare«, wenn man ärgerlich oder enttäuscht ist.

Die sechs Beispiele lassen sich übrigens auch in Ländern weit von Europa entfernt finden. Es liegt ja sehr nahe, dass überall Menschen Tag und Nacht als eindeutige Unterschiede wahrnehmen. Und wo Hunde und Katzen vorkommen, da beobachtet man ihre oft feindseligen Reaktionen aufeinander. Klar also, dass in Asien oder Afrika ähnliche Sprachbilder zu hören sind. Und in Australien, Süd- und Nordamerika spricht man Varianten der ursprünglich europäischen Sprachen Englisch, Spanisch, Portugiesisch, Französisch, weshalb viele sprichwörtliche Redensarten auch dort daheim sind.

Schließlich prägte das Abendland in den vergangenen 500 Jahren kulturell, ökonomisch und als Kolonialmacht zahlreiche andere Länder

der Erde – von dem unglaublichen Einfluss der Popkultur in der Zeit nach dem Zweiten Weltkrieg zu schweigen. Dadurch bildeten sich sogenannte Internationalismen, also weltweit verständliche Redensarten. Außerhalb Europas entstandene Wendungen bleiben in diesem Buch außen vor. Zu ihnen gehören geflügelte Wort wie *Houston, we have a problem*, im Zusammenhang mit der Mission »Apollo 13« entstanden, oder aus dem Chinesischen das Mao-Wort, etwas oder jemand sei »bloß ein Papiertiger«.

In diesem Buch werden einige der wichtigsten Herkunftsbereiche der Redensarten in Europa behandelt und die schönsten und spannendsten Beispiele dieses gemeinsamen Wortschatzes samt ihren Wurzeln. Da gibt es die Humanisten, vor allem Erasmus von Rotterdam, mit ihrer den Kontinent überziehenden Korrespondenz in Latein. Fast alle teilten die Begeisterung für Sprichwörtliches, sammelten die klassischen und tauschten neue Redensarten aus, die auch in Nationalsprachen übergingen. Dann liest man von Redensarten, die aus den Sagen des klassischen Altertums entstanden und durch deren lebhafte Rezeption bis heute im Schwange sind. Kein Wunder, dass die Bibel und das Christentum dem Abendland Sprichwörtliches schenkten, ebenso die antike Wissensliteratur oder das römische Recht, dessen Spuren weit über den juristischen Alltag Europas hinaus begegnen. Unerhört viele Redensarten gehen auf lehrhafte Tiergeschichten zurück, die den Schulunterricht auf dem Kontinent mindestens für 2500 Jahre belebten. Märchen, Sprichwortweisheit und literarische Werke wanderten munter über die Grenzen hinweg und brachten stehende Wendungen mit. Historische Ereignisse prägen Europa, die nicht selten – auf lehrreiche Formeln verkürzt – allgemein beliebt wurden. Theater, Film, Spiel und Sport kommen hinzu mit ihren Fachbegriffen, Figuren und Eigenheiten.

Versprechen kann ich hier schon, dass oft überraschende Hintergründe und Erklärungen zur Sprache kommen werden, die weit über Europa im engeren geografischen oder kulturellen Sinne hinausreichen. Das betrifft schon die titelgebende Redensart »wie ein Phönix aus der Asche«.

Von diesem sagenumwobenen Vogel beflügelt, gelang 2014 Tom Neuwirth alias Conchita Wurst ein europaweiter Aufstieg als Sieger und Siegerin beim Eurovision Song Contest. Der Erfolg fußte auf dem guten Song, der außergewöhnlich gekonnten Darbietung und dem Plädoyer für Toleranz, als das er verstanden wurde. Dass »Phönix aus der Asche« als Redensart europaweit gebräuchlich ist, half aber sicher ebenfalls.

Wie Hund und Katze?

Gleichwohl wissen wohl wenige, wie alt und bunt die Geschichte dieses märchenhaften Vogels ist. Schon vom altägyptischen Totengott-Vogel Benu, den man sich als Feuerreiher vorstellte, hieß es, er verjünge sich durch Verbrennen und Wiedererstehen aus seiner Asche alle 500 oder 1461 Jahre. Von einem Vogel namens »Phönix« berichten dann antike Weltweise wie der Grieche Herodot und der Römer Plinius der Ältere ganz Ähnliches. Im Lauf der Jahrhunderte schrieb man mal von 1000 Jahren, mal von 540 Jahren, die vergingen, ehe der Vogel sich in seinem Nest der Sonne entgegenrecke, verbrenne und verjüngt davonfliege.

Der faszinierende Mythos dieser Wiedergeburt aus der Asche ließ sich ohne viel Federlesens auf die christliche Lehre der Auferstehung beziehen. Das sicherte dem Phönix ein wunderbares Weiterleben in Wort und Bild, in Lied und Redensart. Die Bedeutung der Wendung vom »Phönix aus der Asche« wechselt je nach Situation und Ton, meist aber geht es um eine überraschende, dramatisch positive Entwicklung nach einer schweren Zeit, einer Niederlage, einer Durststrecke.

Europa stieg schon mehrfach aus der eigenen Asche von Krieg und Zweifel und Krisen erneuert auf. Und deshalb passt der Phönix so gut zu diesem Buch mit seinen vielen länderübergreifenden Redensarten und Sprichwörtern.

Neben identischen Formulierungen und Bedeutungen stößt man auch auf gleich gebaute Redensarten und Sprichwörter mit gleichem Sinn, in denen aber unterschiedliche Wörter verwendet werden. Nehmen wir zum Beispiel Redensarten, die sinnloses Tun beschreiben: »Dem Bäckerkind Brot geben« sagt man in Norwegen, in Spanien »Honig dem Imker verkaufen«, in Rumänien »Gurken dem Gärtner verkaufen«. Ganz ähnlich ist der in vielen europäischen Sprachen bekannte Ausdruck »Eulen nach Athen«, wobei sie manchmal getragen werden, manchmal gebracht. Früher gab es in Athen einfach viele Eulen auf der Akropolis: als Vögel, als Statuen oder geprägt auf Münzen, weshalb es sinnlos war, noch weitere dorthin zu tragen. Ähnlich ist es bei »Kohlen nach Newcastle tragen« oder »mit seinem Samowar nach Tula fahren«.

Das Gegenteil des allzu Bekannten, allzu Häufigen gibt es – wie so oft im Sprichwörtlichen – ebenfalls: weiße Raben und schwarze Schwäne. Die dazu gehörenden Redensarten gehen auf griechische und lateinische Quellen zurück. Damals kannte man übrigens noch keine Trauerschwäne, die in Australien beheimatet sind. Ein paar weitere Varianten sind die *white crow* (»Krähe«) in England, auf Malta wie in Italien und Albanien die »weiße Fliege«, in Bulgarien die »weiße Schwalbe«, in Lettland und Litauen der »weiße Spatz« und in Frankreich und Spanien die »weiße Amsel«. Es handelt sich dabei nicht nur um Redensarten für das Seltene, sondern auch für das Individuelle, ja Eigensinnige. In vielen Sprachen hört man noch vom »seltenen Vogel« sprechen, ab und zu sogar in der lateinischen Form *rara avis*, was beides auf dem Bild vom weißen Raben und dem schwarzen Schwan beruht. Börsenmakler und Ökonomen bezeichnen übrigens extrem ungewöhnliche und besonders seltene katastrophale Geschehnisse als *black swan event*. Der weiße Rabe und der schwarze Schwan kamen sprichwörtlich oft sogar zusammen vor, um die Seltenheit noch zu betonen.

Die hier präsentierten sprichwörtlichen Redensarten und ihre Herkunftsbereiche stellen nur eine Auswahl dar. Viele Bereiche wie die Musik, der menschliche Körper, grundsätzliche Bewertungssysteme, Natur und Wetter, kulturelle Symbole und einige andere, die Elisabeth Piirainen samt Team auch noch behandelte, fielen hier sogar unter Tisch. Dafür steuere ich noch einige eigene Beispiele bei, die mehrfach überprüft wurden. Muttersprachler halfen dabei, die dazu befragt wurden, ob die Wendungen noch bekannt und geläufig wären.

Die Artikel bieten immer zuerst die deutsche Form der sprichwörtlichen Redensart, dann die Bedeutung und den Hintergrund, um abschließend in einer alphabetischen Liste die Sprachen zu nennen, in denen sie vorkommen.

Spätestens hier werden sich manche Muttersprachlerin und mancher Muttersprachler sicher wundern. Entweder weil ihre Sprache fehlt, obwohl sie die Redensart kennen, oder weil sie die Redensart gar nicht oder etwas anders kennen. Das kann mit individueller Erfahrung zu tun haben, mit der Gängigkeit eines Ausdrucks und natürlich mit dem überraschend raschen Wandel der Sprache sowie der schieren Vielfalt an Wortschätzen.

Verehrte Leserinnen und Leser, sollten Sie Einwände, Ergänzungen, Vorschläge zur Veränderung haben, wenden Sie sich bitte sehr gern an den Verfasser über dr.essig@web.de. Ich freue mich immer über Anregungen, Kritik und Bereicherungen, die eine weitere Auflage des Buches verbessern können!

Rolf-Bernhard Essig

II. Einen Spaten einen Spaten nennen

Wie Erasmus von Rotterdam und die Humanisten Europas Sprachen beflügelten

Kein Humanist ist heute noch so in aller Munde. Das gilt für Erasmus von Rotterdam selbst und genauso für die sprichwörtlichen Redensarten, die er popularisierte. Millionen Studenten und Studentinnen lernten schon mit dem Erasmus-Programm neue Sprachwelten und Kulturen kennen. Und wenn sich möglichst viele Europäerinnen und Europäer am Ideal der Humanisten orientierten, wäre der Kontinent ein entschieden besserer Ort.

In einem beispielhaften Aufschwung des Geistes und der Künste widmeten sich die führenden Köpfe des Kontinents um 1500 einer Wiedergeburt – das ist ja die Übersetzung von »Renaissance« – der Antike. Sie folgten dem römischen Leitbild einer *humanitas*, die für Bildung und Tugend zugleich stand, um es einfach zu sagen. Die Gelehrten fahndeten auch deshalb nach verloren geglaubten klassischen Werken und fanden sie auch, vor allem in Italien. Von Krakau bis Cambridge und von Bremen über Nürnberg bis Neapel lernten sie aus ihnen Latein neu – als lebendige Sprache für den internationalen Austausch in Wort und Schrift. Die Humanisten im belgischen Löwen, in Paris, Bologna, Basel und Köln orientierten sich an der Philosophie der Antike, an ästhetischen Theorien der Römer und Griechen genauso wie an ihrer Praxis, studierten Malerei, Architektur und Literatur. Die *humanities*, wie man bis heute im Englischen sagt, die Geisteswissenschaften also, standen in schöner Blüte. Dass sie den nach Vervollkommnung strebenden Menschen überall ins Zentrum rückten, stimmt, dass sie die Individualität im modernen Sinne erfunden hätten, ist dagegen nur ein Mythos, aber das war für sie ein durchaus wichtiges Thema. Bei gewichtigen Unterschieden konnten sie alle sich unter einem zentralen Satz versammeln, der einem Drama des römischen Dichters Terenz entstammt und ihren großen Forschungshorizont belegte: *Homo sum: humani nil a me*

Einen Spaten einen Spaten nennen

alienum puto. Auf Deutsch: »Ich bin Mensch: Nichts Menschliches halte ich für ein mir Fremdes.«

Unter den humanistischen Gelehrten ragte einer hervor: Erasmus von Rotterdam. Wer war dieser geniale Mann? Kurz gesagt, ein philosophisch-theologisches Genie, ein freier Geist der Renaissance und des Humanismus, der immer neugierig, immer klarsichtig und immer mitteilungsfreudig war, dabei reisefreudig und alles andere als arrogant. Seine faszinierende Gelehrsamkeit machte *einen* Teil seines europaweiten Ansehens bei Königen, Päpsten und natürlich Gelehrten aus, den *anderen* sein Stil, der vor allem in Briefen und Satiren wie dem »Lob der Torheit« Espritfunken schlug. An die 150 Werke entstammen seiner Feder, was damals, im 15. und 16. Jahrhundert, noch wörtlich zu nehmen ist.

Eines seiner Werke zeigt Erasmus von Rotterdam als Liebhaber sprichwörtlicher Redensarten par excellence: »Adagia« (lateinisch für »Sprichwörter«) heißt es. 1503 erschien die erste Auflage. Sie bot neben 818 Wendungen und Zitaten der klassischen Antike auch deren griechische und römische Quellen, dazu oft überraschende Hintergründe. Da das Werk auf Latein, der Gelehrtensprache der Zeit, geschrieben war, konnten es Gebildete wie Domherren, Universitätsangehörige, Verwaltungsfachleute, einige Adlige, Privatgelehrte und andere mehr in ganz Europa lesen. Es wurde bald ein internationaler Bestseller mit vielen Auflagen. Sein Thema löste eine internationale Korrespondenz aus. Schon fünf Jahre später erschien die auf 3260 sprichwörtliche Redensarten erweiterte 2. Auflage und 1533 dann eine 3. mit 4251 Stück.

Damit befeuerte Erasmus von Rotterdam eine Begeisterung in ganz Europa, die manche Forscher dazu brachte, von einem »Jahrhundert der Sprichwörter« zu sprechen. Das Sammeln von Redewendungen und Sprichwörtern wurde Mode in vielen Ländern. Gelehrte übersetzten Beispiele der Erasmus-Sammlung in ihre Nationalsprachen und ergänzten nationalsprachliche Beispiele, die sie ihrerseits ins Lateinische übersetzten, um sie mit Gleichgesinnten in allen Landen zu teilen.

Dazu kam eine Fülle von bildlichen Darstellungen wörtlich genommener Redensarten, unter denen Pieter Bruegels an Wimmelbilder erinnerndes »Die niederländischen Sprichwörter« und dessen Nachahmungen nur die berühmtesten sind. Sie zu betrachten bereitete ein Doppelvergnügen, da man zuerst die Freude am Entdecken und Enträtseln genießen konnte und dann die an der originellen Umsetzung ins Bild.

Wie Erasmus von Rotterdam und die Humanisten Europas Sprachen beflügelten

Um einen Spaten einen Spaten zu nennen – ohne Erasmus sähe das Europa der sprichwörtlichen Redensarten ganz anders aus und wäre bedeutend ärmer. Ach ja, die Redensart, die im Deutschen nur ab und zu verwendet wird, ist in vielen Ländern beliebt, vor allem im angelsächsischen Bereich und bedeutet »etwas unverblümt direkt sagen, rücksichtslos deutlich benennen«. Erasmus hatte die Redensart in seinen »Adagia« erwähnt und verändert. Während die Redensart in gleicher Bedeutung bei Plutarch im Griechischen noch hieß »einen Trog einen Trog nennen« und bei Lukian »eine Feige eine Feige nennen und einen Trog einen Trog«, brachte Erasmus für das griechische *skáphe* das lateinische *ligonem*, eine Art Hacke, ins Spiel. Andere Sprachen übersetzten *ligonem* mit Wörtern für ähnliche Werkzeuge. Im Englischen tat es der Dichter Nicholas Udall mit *spade*, was sich durchsetzte. Trog und Feige vergaß man, der Spaten blieb. Ob Erasmus falsch übersetzte oder ein besseres Beispiel setzen wollte? Wir wissen es nicht. Auf jeden Fall aber ist es ein gutes Beispiel für Erasmus' Wirkung.

Ein ganz ähnliches Beispiel für seinen Einfluss wie für seine sehr freie Interpretation bei der Übersetzung antiker Idiome betrifft die Frage, welches Gefäß die schon damals sprichwörtliche Pandora benutzte.

Die Büchse der Pandora (öffnen)

Unheil heraufbeschwören; etwas unheimlich und unaufhaltsam Unheilbringendes

Hinter dieser Redewendung steckt die Sage um Pandora, deren erste Version der griechische Dichter Hesiod im 7. Jahrhundert v. Chr. fixierte. Er berichtet, wie der Titan Prometheus Göttervater Zeus das Feuer stiehlt und es den Menschen bringt. Wütend straft Zeus Prometheus und dazu die ihm zu mächtig gewordenen Menschen. Er weist seine Mitgötter Hephaistos, Athene, Aphrodite und Hermes an, eine bezaubernde Kunst-Frau zu herzustellen, genannt Pandora, was »die Allesgebende« oder »die Allbegabte« heißen kann. Dann lässt Zeus von den Göttern ein Gefäß mit Krankheiten, Unheil und Plagen anfüllen. Das gibt er als Geschenk für die Menschen Pandora mit und schickt sie zum Bruder des Prometheus, Epimetheus mit Namen. Obwohl ihn sein Bruder gewarnt hat, lässt Epimetheus sich von Pandoras süßen Worten und schöner Gestalt so blenden, dass er es annimmt. Sie lüpft daraufhin den Deckel des Gefäßes und sofort verbreitet sich über die bis dahin sorgenfrei lebende Menschheit fürchterliches Unheil.

In der Antike war dieser Mythos weithin bekannt, allerdings gab es auch andere Versionen. Sie erzählen von positiven Eigenschaften und Werten, die sich im Gefäß befinden und die Epimetheus aus Versehen entkommen lässt. Wirklich populär und sprichwörtlich wurde der Pandora-Mythos erst in der Renaissance und nicht zuletzt durch Erasmus, der sich auf das Gefäß voller Plagen bezog. Wie sah das wohl aus? Hesiod bezeichnete es als *píthos*, was einen sehr großen, manchmal über mannshohen Krug zur Aufbewahrung von Öl, Wein, Honig, Salz oder Getreide benannte.

Erasmus von Rotterdam setzte in den »Adagia« statt *píthos* das griechische Wort *pyxis* ein. Warum? Es könnte daran liegen, dass *pyxis*, das zu unserem Wort »Büchse« führte, in der Antike allerlei kleinere Gefäße für Schmuckstücke, Salben etc. bezeichnete. Und diese Art von Aufbewahrung der Geschenke passte viel besser als ein mächtiger Vorratskrug zur verführerischen göttlichen Androidin Pandora.

Erasmus folgend heißt es im Englischen *to open Pandora's box*, im Holländischen *de doos van Pandora openen*, im Französischen als *ouvrir la boîte de Pandore* und sogar im Japanischen – vielleicht über das Englische kommend – *Pandora no hako wo akeru*, was ebenfalls für ein Kästchen steht. Selbst die italienische Version *aprire / scoperchiar il / un vaso di Pandora* oder die spanische *caja de Pandora* tendieren zur Verkleinerung des Gefäßes wie bei Erasmus, heißt das eine doch »Topf« und das andere »Kiste«.

Sprachen, die diese Redensart kennen: Albanisch, Baskisch, Bosnisch, Bulgarisch, Dänisch, Deutsch, Englisch, Estnisch, Faröisch, Finnisch, Galizisch, Griechisch, Holländisch, Isländisch, Italienisch, Katalanisch, Kroatisch, Lettisch, Litauisch, Maltesisch, Mazedonisch, Norwegisch, Polnisch, Portugiesisch, Rumänisch, Russisch, Schottisch, Schwedisch, Serbisch, Slowakisch, Slowenisch, Spanisch, Tschechisch, Ukrainisch, Ungarisch, Weißrussisch, Westfriesisch.

Aus einer Mücke einen Elefanten machen

aus einer unbedeutenden Kleinigkeit etwas Wichtiges, Bedeutendes machen; etwas Unbedeutendes aufbauschen, dramatisieren

Vor gut zwei Jahrtausenden verspottete man im alten Griechenland Drama-Kings und -Queens mit der Redensart »aus einer Fliege einen Elefanten machen«. Die Römer übernahmen sie gern. Die Wahl der Tiere überzeugte eben doppelt, denn eine Fliege ist nicht nur sehr klein, sondern auch verächtlich, lächerlich und nicht der Rede wert. Der Elefant dagegen war als das damals größte bekannte Tier der ideale Gegensatz, zumal er als Symboltier für Stärke, Souveränität und Macht stand.

Das Modell der Fliegen-Elefanten-Redensart, also etwas Winziges zu etwas Riesigem zu machen, führte schon vor zwei Jahrtausenden zu lustigen Varianten. So sagten die Römer in schöner Deutlichkeit *arcem facere e cloaca*, also »eine Festung aus einer Kloake machen« oder etwas harmloser *e rivo flumina magna facere*, also »aus einem Bach einen großen Fluss machen«.

Seit Erasmus von Rotterdam die Redensart in seinen »Adagia« populär gemacht hatte, entwickelten sich noch viele weitere Spielarten, die seiner Version mal mehr, mal weniger verdanken. Immer wird etwas sehr Kleines zu etwas ungeheuer viel Größerem gemacht. Im Tschechischen etwa heißt *dělat z komára velblouda* »ein Kamel aus einer Mücke machen«. Dabei gibt es nicht selten in einem Sprachgebiet gleich mehrere Varianten, im Deutschen beispielsweise »Fliege« und etwas seltener »Schnecke« statt »Mücke«.

Sprachen, die diese Redensart kennen: aus einer Mücke einen Elefanten machen (Bulgarisch, Dänemark, Deutsch, Estnisch, Französisch, Holländisch, Luxemburgisch, Norwegisch, Ukrainisch), aus einer Fliege einen Elefanten machen (Kroatisch, Lettisch, Mazedonisch, Polnisch, Portugiesisch, Russisch, Schwedisch, Serbisch, Sorbisch, Ungarisch), aus einer Maus einen Elefanten machen (Belgisch/Flämisch), aus einer Milbe/Fliege einen Elefanten manchen (Jiddisch), aus einem Floh einen Elefanten machen (Katalanisch, Spanisch), aus einer Mücke einen Hengst machen (Rumänisch), aus einer Mücke ein Kamel machen (Tschechisch), aus einer Mücke einen Esel/Elefanten machen (Slowakisch), aus einer Fliege ein Pferd machen (Slowenisch), aus einer Fliege keinen Büffel machen (Albanisch), aus einer Fliege / einem Floh / einem Haar einen Ochsen/Elefanten/Strick machen (Griechisch), aus einer Laus ein Kamel machen (Armenisch), aus einer Fliege einen Stier machen (Finnisch).

Geld stinkt nicht. / Pecunia non olet.

Geld ist, egal wo es herkommt, eine gute Sache.

Die Bedeutung des Sprichworts ist durchaus ambivalent, denn man konnte damit durchaus auch Kritik an der Ruchlosigkeit, mit allem Geld machen zu wollen, üben. Diese Ambivalenz bestand auch schon, als die Wendung im 16. Jahrhundert dank Erasmus von Rotterdam international beliebt wurde. Erasmus führt als antiken Beleg die Anekdote um den römischen Kaiser Vespasian an, der eine Abgabe auf das Einsammeln von Urin erhob, den man beim Färben, Gerben und bei der Herstellung von Medikamenten verwendete. Der Historiker Sueton berichtet, der Kaisersohn Titus habe diese stinkende Geldquelle anrüchig gefunden. Vespasian habe ihm daraufhin die Sesterzen aus der Steuer unter die Nase gehalten und gefragt, ob ihm deren Geruch missfalle. Als der Sohn verneinte, meinte Vespasian: *Atquin e lotio*, auf Deutsch: »Und doch ist es aus Urin«.

Mit Erasmus setzte sich statt der ohne den Zusammenhang unverständlichen Version *atquin e lotio* die damals schon geläufige und eindeutige lateinische Fassung *pecunia non olet* unter den Humanisten vieler Länder durch. Da sie das Sprichwort außerdem wörtlich in viele Nationalsprachen übersetzten, kennt man es in Europa ausschließlich in dieser Form.

Erasmus führt in seinem Artikel übrigens noch weitere antike Autoren an, die ähnliche Maximen ironisch zitieren, so Juvenal, der schreibt: »Woher du dein Geld hast, das kümmert niemanden ...« Oder Horaz: »Bürger, in erster Linie müsst ihr Geld erwerben; die Tugend, Bürger, kommt nach dem Geld.«

Sprachen, die diese Redensart kennen: Die Redensart ist in so gut wie allen europäischen Sprachen verbreitet, mal in lateinischer, mal in nationalsprachlicher Form. Extra überprüft für: Deutsch, Dänisch, Französisch, Griechisch, Holländisch, Italienisch, Norwegisch, Polnisch, Rumänisch, Russisch, Schwyzerdütsch, Slowakisch, Ukrainisch, Ungarisch

Eulen nach Athen tragen

etwas Überflüssiges, Sinnloses tun oder sagen

Die Redensart gehört unter den geflügelten Worten zu den besonders alten. Schon in der Antike war es bekannt und wurde besonders geläufig durch eine der beliebtesten, bis heute gespielten Komödien des Autors Aristophanes, die »Die Vögel« heißt. In einer Szene erscheint eine Eule, worauf Peisteatairos im Vers 301 fragt: *tís glauk' Athenaz' egagen*. Das heißt: »Wer hat die Eule nach Athen gebracht?«

Damals wie heute äußert man mit der Redensart Erstaunen über eine überflüssige und damit sinnlose Tätigkeit oder Idee. Dazu muss man wissen, dass Athen nach der Schutzgöttin Athene benannt war. Die wiederum wurde als die »Eulenäugige« verehrt und häufig in Beschreibungen, Bildern, Statuen von einer Eule bzw. einem (Stein-)Kauz als Tier der Weisheit begleitet. Deren nachtaktives Leben verglich man mit dem nimmermüden Studieren der Weisen, welche die Nacht zum Tag machten. So gab es im antiken Athen schon wegen der Schutzgöttin und Namenspatronin Athene viele Eulen-Darstellungen. Es lebten zudem auf den Akropolis-Felsen reichlich Steinkäuze *(Athene noctua)*, um die es in der Redewendung geht. Und dann sah man sie auch noch auf Geldstücken, den Tetradrachmen. Sie zeigten Athene auf der einen, den Steinkauz auf der anderen Seite.

Die Athener besaßen in der Antike Silbergruben und waren längere Zeit von jeder Steuer befreit, bekamen immer wieder sogar Überschüsse der Staatskasse ausgezahlt. Deshalb sprach man damals davon, dass es sinnlos und dumm sei, noch mehr Münzen, die man wegen des Bildes darauf »Käuze« oder »Eulen« nannte, in die reiche Stadt zu bringen.

Erasmus beflügelte mit seinen »Adagia« die altehrwürdige Redensart entscheidend, die er dort in der lateinischen Version *ululas Athenas* präsentiert. Er erklärt hier auch die Hintergründe der Entstehung klug und ausführlich, wobei er betont, dass man die Redensart nicht nur auf überflüssige Handlungen, sondern auch sehr gut auf überflüssige Gedanken, die dem Gegenüber längst bekannt sind, übertragen könne. Über seine lateinische Form fand sie rasch in viele Nationalsprachen, wo überdies weitere ähnlich gebaute Redensarten entstanden. Im Französischen etwa heißt es *apporter des chouettes à Athen,* im Schwedischen *bära ugglor till Aten.*

Sprachen, die diese Redensart kennen: Bosnisch, Deutsch, Französisch, Griechisch, Holländisch, Italienisch, Polnisch, Schwedisch, Slowakisch, Tschechisch

Ähnliche Beispiele in anderen Sprachen: *to carry coals to Newcastle* (»Kohlen nach Newcastle tragen«; Englisch), *echar agua al mar* (»Wasser zum Meer bringen«, Spanisch), *nosit' vodo v Savo* (»Wasser zu Save«, Slowenisch), *a Dunába vizet hord* (»Wasser zur Donau bringen«, Ungarisch), *puid metsa kandma* (»Bäume in den Wald bringen«, Estnisch), *turf yn it fean bringe* (»Torf zum Moor bringen«, Westfriesisch)

Der Fisch stinkt vom Kopf.

Der Grund für schlechtes Verhalten ist oft schlechtes Beispiel oder schlechter Einfluss von Führungspersönlichkeiten oder der Regierung.

Die Augen eines Fisches und noch mehr die stark durchbluteten Kiemen bieten beste Angriffsflächen für Bakterien aller Art, die den Zersetzungsprozess einleiten. Dabei entstehen flüchtige Amine, die für den Menschen auch in geringer Menge abstoßend riechen, sodass er sich angeekelt vom Fisch abwendet, obwohl dessen restliches Fleisch ohne Gesundheitsgefahr noch essbar wäre.

Vielleicht erfand also eine Fischhändlerin vor gut 500 Jahren das Sprichwort, das Käufern erklären wollte, dass sie sich vom üblen Geruch des Fischkopfes nicht abschrecken lassen sollten. Gleichzeitig deutete sie damit womöglich an, die Regierung sei so gottlos, ehrvergessen und

Wie Erasmus von Rotterdam und die Humanisten Europas Sprachen beflügelten

geldgierig, dass es kein Wunder wäre, wenn sich diese Laster auf die Untertanen übertrügen.

Schriftlich fassbar wird das Sprichwort zuerst in einer Sammlung des byzantinischen Gelehrten Apostolios Paroemiographos aus dem 15. Jahrhundert, der sie in Griechisch und in unserem Wortlaut verzeichnet: »Der Fisch beginnt vom Kopf her zu stinken.« Die übertragene Bedeutung stand damals bereits fest. Kurz darauf sorgte Erasmus von Rotterdam für eine noch größere Verbreitung durch Aufnahme des Sprichworts in seine lateinischen »Adagia«. Gerade in der Politik und in Managerkreisen erfreut es sich bis heute größter Beliebtheit, wobei es manche Umformung erfahren hat, beispielsweise in der Kurzform: *The rot starts at the top.*

Sprachen, die dieses Sprichwort kennen: Albanisch, Baskisch, Dänisch, Deutsch, Englisch, Estnisch, Französisch, Griechisch, Holländisch, Isländisch, Italienisch, Kroatisch, Lettisch, Litauisch, Maltesisch, Polnisch, Romanes, Rumänisch, Russisch, Schottisch, Schwedisch, Serbisch, Slowakisch, Slowenisch, Spanisch, Tschechisch, Ukrainisch, Ungarisch.

Auswahl weiterer Redensarten, die Erasmus in Europa popularisieren half

der lange Arm der Könige / des Gesetzes	ein Fass ohne Boden sein
Steter Tropfen höhlt den Stein.	das Auge des Gesetzes
goldene Berge versprechen	stumm wie ein Fisch
gegen den Strom schwimmen	Eine Hand wäscht die andre.
ein weißer Rabe sein	nicht einmal im Traum
mit der Ammen-/Muttermilch einsaugen	ein notwendiges Übel sein
Schwanengesang	nolens volens
weitab vom Schuss	Öl ins Feuer gießen
Eile mit Weile!	Gottes Mühlen mahlen langsam.
Hic Rhodus, hic salta!	Kleider machen Leute.
in den Tag hinein leben	kein Hirn im Kopf haben

III. Wasser auf unsere Sprachmühlen

Die wichtigsten Quellen für europaweit gebräuchliche Redensarten

Achillesferse und Fass ohne Boden

Antike Mythen als Quelle sprichwörtlicher Redensarten in Europa

Erstaunlich, aber wahr! Unsere so schnelllebige Zeit bewahrt Geschichten, die um die zwei-, dreitausend Jahre alt sind. Der Europa-Mythos selbst gehört dazu, also die Entführung der Fürstentochter Europa durch Zeus, der sich in einen Stier verwandelt hatte. Ähnlich berühmt geblieben sind die Taten des Herakles sowie der ganze Olymp mit Zeus, Hera, Athene, Aphrodite, Apollon, Hephaistos und Poseidon, der Höllenhund Zerberus ebenso wie die Ungeheuer Skylla und Charybdis, die Odysseus auf seinen Irrfahrten bedrohen. Manchem Mythos begegnete man schon in diesem Buch, so dem titelgebenden Phönix oder der Büchse der Pandora.

Die faszinierende Götter-, Helden- und Monsterwelt der griechisch-römischen Antike regt immer noch Filmemacherinnen an, Autoren, Spieleentwicklerinnen und Comickünstler. Und ihre Werke finden fasziniert Käufer und Konsumenten. Woran das genau liegt, wissen die Götter, aber um zu erkennen, dass am Weiterleben der Mythen auch sprichwörtlichen Redensarten beteiligt sind, muss man weder Teiresias noch Kassandra sein. Beide sprichwörtlich gewordenen Seher kommen im sagenhaften Kampf um Troja vor, der selbst ausgezeichnete Beispiele dafür bereithält, wie ein Mythos uralte und brandneue Ausdrücke beeinflusst.

So kennt das moderne Griechisch die *achilleios pterna*, das Finnische die *akilleksen kantapää* und wir die »Achillesferse« als Bezeichnung für eine besonders empfindliche, verwundbare Stelle. Achilles ist einer der wichtigsten griechischen Helden im Kampf um Troja und nur an der Ferse verwundbar.

Computerbenutzer fürchten heimtückische Angriffe durch scheinbar nützliche Programme, in denen eine zerstörerische Schadsoftware verborgen ist. Die ursprünglich englische Bezeichnung *a Trojan horse* passt dazu ausgezeichnet. Mithilfe eines riesigen hölzernen Pferdes, in dem er sich mit weiteren griechischen Kriegern verbarg, gelang es Odysseus nach zehn Jahren Kampf, Troja zu erobern. Verkürzt und damit falsch nennen wir im deutschsprachigen Raum solch perfide Programme »Trojaner«; dabei waren das doch die Opfer. Interessanterweise benutzte man schon in der römischen Antike die Redensart vom trojanischen Pferd, um auf einen Betrug, eine verborgene Gefahr hinzuweisen, die irgendwo eingeschleust werden kann oder sogar schon wurde. In dieser Bedeutung taucht sie in mindestens 37 europäischen Sprachen auf.

Dass die alten Geschichten die Zeiten überdauerten, lag an einer tiefen Wertschätzung von Tradition schon in der Antike und dann im christlichen Abendland, besonders seit der Renaissance. Schriften, Geschichten und Erkenntnisse alter Zeiten schätzte man als vorbildlich. Wer immer in Europa als kultiviert erscheinen wollte, musste sie kennen und versuchen, sich an diesen Mustern auszubilden. Bis weit ins 19. Jahrhundert hinein galt das für Schulen und Hochschulen fast jeder Art, außerdem für viele Künstler und Kunsthandwerker, deren Auftraggeber nach immer neuen Interpretationen der altehrwürdigen Geschichten verlangten, nach Helden wie Herakles und Penthesilea oder nach listenreichen Genies wie Kirke und Odysseus.

Weil die Geschichten derartig bekannt waren und sind und ihre Helden und Heldinnen exemplarisch für bestimmte Charakterzüge oder Taten verstanden wurden, konnten Hunderte sprichwörtliche Redensarten entstehen und verkürzt auf sie Bezug nehmen. Die Epen Homers, »Ilias« und »Odyssee«, sind dafür nur die berühmtesten Quellen; unzählige Dramen von Euripides bis Plautus, Gedichte und Idyllen von Pindar, Vergil, Horaz oder Longinus und Prosatexte von Plutarch bis Tacitus gehören ebenfalls dazu.

Die Fülle der Gestalten und Geschichten überfordert freilich auch. Nicht selten geriet daher der Ursprung einer Redensart in Vergessenheit. Deshalb folgen hier Erklärungen einiger der beliebtesten Redensarten Europas, die sich der antiken Mythologie verdanken.

Antike Mythen als Quelle

Die Gelegenheit beim Schopf packen

eine günstige Gelegenheit entschlossen und schnell nutzen, rasch und entschlossen handeln

In der Antike verehrte man die günstige Gelegenheit als eine eigene Gottheit. Im alten Griechenland trug sie den Namen »Kairos«. Manchmal wurde sie als Sohn des Zeus bezeichnet. Die Römer übernahmen sie, wobei sie den Namen in »Occasio« änderten. Das erklärt das Wort für »Gelegenheit« in einigen modernen Sprachen, etwa *occasion* im Englischen und Französischen. Nicht selten verglich oder identifizierte man sogar die Schicksalsgöttin Tyche, römisch Fortuna, mit Kairos.

Die Gelegenheitsgottheiten zeichneten sich immer durch ihre Eile aus sowie durch einen fast vollständig kahlen Schädel. Nur an der Stirn hatten sie eine Stelle mit langen, kräftigen Haaren. Es hieß, dass man, wann immer die günstige Gelegenheit an einem vorbeieile, sie rasch und entschlossen beim Schopf packen müsse. Wer auch nur etwas zögerte, hatte die Gelegenheit verpasst, denn an ihrem kahlen Schädel war kein Halt zu finden. Ein einleuchtendes Bild, das seit der Antike oft in Wort und Bild zitiert wird.

Als beliebte pädagogische Redensart, die rasches Urteilsvermögen und Handeln fordert, verbreitete sich »die Gelegenheit beim Schopf packen« in ganz Europa – freilich in mancherlei Varianten. Statt »Schopf« heißt es in anderen Sprachen »Haare«, »Strähne« oder »Locke«. Vielfach ließ man alles Haarige sogar weg – so bekannt waren offenbar die Darstellungen von Kairos und Occasio. Im Englischen heißt es häufig bloß *to seize/grasp the opportunity with both hands*, ebenso im Westfriesischen *de gelegenheid mei beide hannen oangripe* oder im Ungarischen *megragadja az alkalmat*. In anderen Sprachen betont man dafür die Eile der Gottheit und sagt im Italienischen *prendere un'occasione al volo*, also »die Gelegenheit flugs ergreifen«; ebenfalls im Spanischen und Schwedischen.

Sprachen, die diese Redensart kennen: Deutsch, Englisch, Französisch, Griechisch, Holländisch, Italienisch, Katalanisch, Polnisch, Portugiesisch, Schwedisch, Slowakisch, Slowenisch, Spanisch, Tschechisch, Ukrainisch, Ungarisch, Venezianisch, Westfriesisch.

Argusaugen haben / jemanden mit Argusaugen bewachen

sehr gute Augen haben; jemanden extrem aufmerksam bewachen

Argus ist der lateinische Namen des griechisch Argos genannten hundertäugigen Riesen der antiken Mythen. Er galt als idealer Wächter, weil er zwar wie alle Wesen Schlaf brauchte, doch dabei lediglich der Hälfte seiner Augen Ruhe gönnte, die andere aber aufmerksam offen hielt. Die Göttermutter Hera vertraute Argus eine Kuh an, die in Wirklichkeit eine verwandelte Geliebte ihres Mannes Zeus war und Io hieß.

Zeus wollte sie retten und schickte dazu den listigen Götterboten Hermes, dem es tatsächlich gelang, Argus zu übertölpeln. Er verkleidete sich als Hirte, näherte sich Argus, der ihn für harmlos hielt und näher kommen ließ. Hermes spielte dann ein so mächtiges Schlaflied, dass alle hundert Wächter-Augen zufielen. Den zu vertrauensseligen, nun schlafenden Argus tötete Hermes und rettete Io.

Als Hera wenig später ihren gemeuchelten Wächter fand, verwandelte sie ihn mitleidig in einen Pfau. In dessen Schwanzfedern schimmern die hundert Augen bis heute.

Diese Geschichte vom eigentlich perfekten Wächter machte Argus schon in der Antike und danach in fast allen europäischen Kulturen sprichwörtlich. So heißt es im Englischen *Argus eyes*, im Niederländischen *argusogen* oder im Französischen *les yeux d'Argus*. So geläufig wie in den genannten Sprachen ist die Redensart nicht überall. Im Spanischen begegnet man schon mal den *ojos de Argos,* aber vor allem im gehobenen Stil oder im Zusammenhang mit Firmen- und Institutionsbenennungen. Das gilt ähnlich auch für das Polnische und andere slawische Sprachen.

Dass auch Finnen oder Esten, Portugiesen oder Rumänen, ja alle europäischen Sprachen Argus und seine sprichwörtlichen Wächterqualitäten kennen, verdankt sich dem Umstand, dass Detektivagenturen gar nicht selten den Namen des Hundertäugigen wählten. Sie weisen damit auf ihre Wachheit und ihren außergewöhnlich genauen Blick hin – in der Realität wie in populären Romanen und Filmen.

Ein Damoklesschwert sein, an einem Haar bzw. seidenen Faden hängen

eine ständige Bedrohung für jemanden sein, sehr gefährdet sein, von geringsten Unterschieden entscheidend abhängen

Der römische Politiker und Autor Marcus Tullius Cicero, der im 1. Jahrhundert v. Chr. wirkte, berichtet in seinen »Tusculanae disputationes« von Damokles, einem Höfling des Tyrannen Dionys von Syrakus. Dieser rühmte den Herrscher, seine Macht und seinen Reichtum auf schmeichlerische Weise. Dionys räumte daraufhin für Damokles seinen Platz an der reich gedeckten Tafel, um ihn erleben zu lassen, wie ein Herrscherdasein sich wirklich anfühlt. Direkt über dem Kopf des Damokles ließ er ein Schwert anbringen, das lediglich an einem Rossschweifhaar hing. Auf diese Weise machte Dionys deutlich, wie lebensgefährlich ein Herrscher in jedem Moment lebt – schließlich gab es schon damals Attentäter und skrupellose Konkurrenten.

Andere Autoren der Antike erwähnen die Geschichte ebenfalls, und spätestens im 16. Jahrhundert wurde das Damoklesschwert europaweit sprichwörtlich für drohende Gefahren, zum Beispiel im Französischen (*l'épée de Damoclès*) oder Litauischen (*Damoklo kardas*). Dabei existiert die Redensart in kurzer und in ausführlicher Form. Gerade im Deutschen gibt es die lange Version »etwas hängt wie ein Damoklesschwert über jemandem / jemandes Haupt«, aber auch die Kurzversion »ein Damoklesschwert sein«. Die große Bekanntheit der Redensart macht diese Reduktion möglich. In manchen Sprachen bleiben sogar Damokles und/oder das Schwert auf der Strecke, und die Redensart heißt dann nur noch »etwas hängt an einem Haar/Faden« oder ab der Frühen Neuzeit – die Geschichte mit orientalischen Gebräuchen verbindend – »an einem seidenen Faden«. Das Haar kam immerhin schon in der antiken Geschichte vor und steht wie der Faden seit je für feine Unterschiede. Deshalb gibt es Sprachen wie das Englische, in denen man *to hang by a thread* oder *to hang by a hair* sagen kann.

Die Geschichte von Damokles beeindruckte übrigens die Menschen weit über Europa hinaus, sodass man in Japan, Korea und China die nach ihr gebildete Redensart ebenfalls verwendet.

Sprachen, die diese Redensart kennen: a) Damoklesschwert: Albanisch, Baskisch, Bosnisch, Bretonisch (ohne Damokles), Bulgarisch, Dänisch, Deutsch, Englisch, Estnisch, Faröisch, Finnisch, Französisch, Galizisch, Griechisch, Holländisch, Isländisch, Italienisch, Jiddisch, Katalanisch, Kroatisch (ohne Damokles), Lettisch, Litauisch, Maltesisch, Mazedonisch, Norwegisch, Polnisch, Portugiesisch, Rumänisch, Russisch, Schwedisch, Serbisch, Slowakisch, Slowenisch, Sorbisch, Spanisch, Tschechisch, Ukrainisch, Ungarisch, Walisisch, Weißrussisch, Westfriesisch. **b)** Haar: Bulgarisch, Deutsch, Englisch, Finnisch, Kaschubisch, Litauisch, Polnisch, Russisch, Slowakisch, Tschechisch, Ukrainisch, Ungarisch. **c)** Faden: Dänisch, Deutsch, Englisch, Französisch, Griechisch, Holländisch, Italienisch, Kaschubisch, Katalanisch, Mazedonisch, Norwegisch, Schwedisch, Slowenisch, Sorbisch, Spanisch, Westfriesisch.

Ein Fass ohne Boden sein

etwas, das immer neue Mittel erfordert – meist ohne Verbesserung der Sachlage – und deshalb weiteren Einsatz nicht lohnt; jemand, der unmäßig viel essen oder trinken kann.

Man kennt es von Großbauten, verrückten Rüstungsprojekten oder ambitionierten wissenschaftlichen Einrichtungen – man kippt Millionen und nicht selten Milliarden hinein, und sie verschwinden in all diesen Fällen so gut wie spurlos.

Antike Mythen als Quelle

In Märchen und Mythen des Abendlandes begegnet es einem immer wieder, dass jemand die unmögliche Aufgabe erhält, ein Gefäß zu füllen – unmöglich, weil es Löcher oder keinen Boden hat. So müht sich der Teufel im Grimm'schen Märchen »Der Grabhügel« vergeblich, einen Stiefel mit Gold zu füllen, weil der keine Sohle hat. Wesentlich älter ist der griechische Mythos der Danaiden. Die 50 Töchter des Königs Danaos bringen auf sein Geheiß hin ihre 50 Ehemänner in der Hochzeitsnacht um. (In manchen Varianten verschont eine den ihren.) In der Unterwelt erwartet die Mörderinnen eine eigentümliche Strafe: Sie müssen Wasser schöpfen, um ein Gefäß zu füllen. Da es aber löchrig ist, werden sie nie fertig und müssen ewig weiter Wasser holen. Im Französischen sagte man vor 200 Jahren noch *c'est le tonneau des Danaïdes*, also »das ist das Fass der Danaiden«, was in der Bedeutung dem deutschen »Fass ohne Boden« entsprach.

In anderen Sprachen wie dem Englischen jedoch spricht man eher von einer Grube ohne Boden, *a bottomless pit,* und meint damit auch die Unterwelt oder eine Art von Hölle. In der Bibel kommt in der »Offenbarung des Johannes« (20,1) ein Engel vor, der den Schlüssel zum Abgrund bzw. der bodenlosen Grube besitzt. Und Erasmus von Rotterdam erwähnt, dass man sich in der Antike die Unterwelt auch als Gefäß voller Löcher vorstellte, das deshalb immerfort Tote aufnehmen könne, ohne je voll zu sein.

Alle Sprachbilder und Geschichten zusammen – ob Fass ohne Boden, bodenlose Grube oder Gefäß mit Löchern – führten in Europa zu ähnlichen Redensarten, die auch in der Bedeutung etwas variieren. In Finnland ist es etwa ein *pohjaton säkki*, ein bodenloser Sack, im Tschechischen *bezedná díra,* ein bodenloses Loch.

Sprachen, die diese Redensart kennen, samt Varianten: ein Fass ohne Boden / ein bodenloses Fass sein (Armenisch, Deutsch, Estnisch, Friesisch, Holländisch, Kaschubisch, Lettisch, Makedonisch, Russisch, Ukrainisch, Ungarisch, Weißrussisch), ein bodenloses großes Gefäß, eine bodenlose Grube / eine Grube ohne Grund sein (Bulgarisch, Englisch, Hebräisch), ein Abfluss ohne Grund sein (Norwegisch), ein Sparschwein voller Löcher sein (Griechisch), eine Quelle ohne Boden sein (Italienisch, Katalanisch, Portugiesisch, Rumänisch, Spanisch,), ein Sack ohne Boden sein (Albanisch, Finnisch, Litauisch), ein Loch ohne Boden sein (Tschechisch), ein Fass, Sack und eine Grube ohne Boden (Polnisch), eine Quelle, ein Sack und ein Fass ohne Boden (Slowenisch), das ist das Fass der Danaïden (gleichbedeutend und als Quelle der Redensart wichtig, aber altmodisch bis ausgestorben, Französisch).

Ein wahrer Krösus sein, so reich wie Krösus sein

unermesslich reich sein

Er war der Dagobert Duck der Antike, der lydische König, den die alten Griechen »Kroisos«, die Römer »Kroesus« nannten. Reich war er sicherlich, doch eher ärmlich steht es um Quellen über den letzten Herrscher des kleinasiatischen Reiches Lydien, der etwa 541 v. Chr. starb.

So viel ist sicher, dass er sich durch Eroberungen und Unterwerfungsforderungen den westlich des Grenzflusses Halys gelegenen Teil Kleinasiens untertan machen konnte und dabei seinen Reichtum noch steigern, den er durch die Goldvorkommen in seinem Reich schon ererbt hatte. Seine Ahnen hatten zudem wohl als Erste geprägte Münzen verwendet, die ebenfalls den Ruf des reichen Krösus festigten.

Um sprichwörtlich zu werden, musste aber doch wohl eine tragische Geschichte dazukommen, und um Krösus ranken sich einige. Die bekannteste handelt von einem Missverständnis. Im Konflikt mit dem mächtigen Nachbarn im Osten, dem Perserkönig Kyros II., glaubte sich Krösus mächtig genug, um einen erfolgreichen Krieg gegen ihn zu führen. Der altehrwürdigen Tradition folgend, schickte er aber Boten zum Orakel Delphis, das ihm zu- oder abraten sollte vom Feldzug. Die Antwort war eine typische Meisterleistung in Sachen Ambivalenz: »Wenn du den Halys überschreitest, wirst du ein großes Reich zerstören.« Krösus verstand, was er verstehen wollte, überschritt den Grenzfluss und zerstörte ein großes Reich – sein eigenes! Er unterlag nämlich Kyros II.

Um diesen Irrtum ranken sich viele pädagogische Geschichten, die gerade auch seit der Renaissance häufig erzählt und illustriert wurden. Der sagenhafte Reichtum des Krösus kam dabei stets prominent vor, weil er Tragik, Fallhöhe oder die Hybris des Herrschers größer erscheinen ließ.

Vielleicht wurde der Reichtum des Krösus schon bei den Römern sprichwörtlich; in ganz Europa wurde er es spätestens durch die Aufnahme in Erasmus' Werk. Heute wirkt die Redensart mal altmodisch, mal sehr gehoben; sehr häufig meint man sie ironisch. So heißt es im Deutschen etwa, wenn jemand auf seine begrenzten finanziellen Mittel hinweist: »Bin ich Krösus?« Auch im Ungarischen lehnt man Geldforderungen mit der Begründung ab, dass man *nem egy Krözus*, also kein Krösus sei.

Antike Mythen als Quelle

Sprachen, die diese Redensart kennen: Bosnisch, Bulgarisch, Dänisch, Deutsch, Englisch, Estnisch, Finnisch, Französisch, Griechisch, Holländisch, Italienisch, Lettisch, Norwegisch, Polnisch, Portugiesisch, Rumänisch, Russisch, Schwedisch, Serbisch, Slowakisch, Slowenisch, Spanisch, Tschechisch, Ukrainisch, Ungarisch.

Rom wurde auch nicht an einem Tag erbaut.

Dinge brauchen ihre Zeit. Nur keine falsche Eile!

Das Sprichwort ist europaweit bekannt und lautet fast überall gleich. In Frankreich sagt man *Rome n'a pas été construite en un jour*, in England *Rome wasn't built in one day*. Der Sinn versteht sich eigentlich von selbst, wobei man bedenken sollte, dass es im Sprichwort um das antike Rom geht. Klar, der Bau so vieler Tempel, Obelisken, Statuen, Mietskasernen, Bibliotheken, Straßen und Arenen brauchte seine Zeit. In diesem Sinne lässt sich die Redewendung auf alle möglichen größeren Projekte übertragen.

Von vielen unbemerkt steckt noch ein böser Witz in der Wendung. Eigentlich wurde Rom ja wirklich an einem Tag »erbaut«, jedenfalls nach dem römischen Mythos um die Brüder Romulus und Remus. Die beiden wurden als Säuglinge ausgesetzt und von einer Wölfin aufgezogen. Vielleicht durch diese Spezialnahrung besonders kräftig und tatendurstig geworden, schritt Romulus eines Tages zur Tat und gründete Rom. Wie? Er nahm einen Pflug und ein Zugtier, zog eine Furche in die Erde, welche den geplanten Mauerring bezeichnen sollte. Anschließend rühmte er sich, eine Stadt mit einer unüberwindlichen Grenze geschaffen zu haben, von der man noch hören werde. Sein Bruder Remus fand es lächerlich, von dieser Furche auf freiem Feld aus auf eine große Zukunft zu schließen. Romulus beharrte darauf, dass jeder Eindringling seine freche Tat mit dem Tod bezahlen müsste. Remus reizten die großen Worte nur noch mehr, er sprang über die Furche ins »Stadtgebiet«. Humorlos, aber konsequent tötete Romulus ihn.

Sprachen, die dieses Sprichwort kennen: Baskisch (nicht in einer Stunde), Bulgarisch, Tschechisch, Dänisch, Deutsch, Englisch, Estnisch, Finnisch, Französisch, Holländisch, Italienisch, Litauisch (auf einmal / plötzlich), Norwegisch, Polnisch, Portugiesisch, Provenzalisch, Rätoromanisch, Rumänisch, Schottisch, Spanisch, Schwedisch, Tschechisch (nicht in einem Jahr), Ungarisch.

Wasser auf unsere Sprachmühlen

Varianten des Sprichworts mit anderen bedeutenden Städten: Aachen (Friesisch, Holländisch), Brügge (Holländisch), Köln (Deutsch, Friesisch, Holländisch), Lwów (Polnisch), Eger (Ungarisch), Lübeck (Deutsch), Buda (Ungarisch), Krakau (Polnisch, Weißrussisch), Warschau (Polnisch), Gent (Holländisch), Eger, Kiew (Ukrainisch), Moskau (Russisch, Ukrainisch, Weißrussisch), Paris (Französisch), Prag (Slowakisch, Tschechisch), Vilnius (Weißrussisch), Zagreb (Serbisch, Slowenisch) oder Zamora (Portugiesisch, Spanisch).

Weitere Redensarten, die auf die Mythologie zurückgehen:

Tantalusqualen leiden

zwischen Skylla und Charybdis

eine Odyssee erleben

eine Sirene sein

ein Nestor sein

ein Mentor sein

eine herkulische Tat / eine Herkulesaufgabe vollbringen

einen Augiasstall ausmisten

ein Kampf mit der Hydra / der Hydra einen Kopf abschlagen / der Hydra wachsen neue Köpfe

eine schöne Helena sein

die Brücken hinter sich verbrennen

in ein Labyrinth geraten

ein Ariadnefaden sein

rätselhaft / stumm wie die Sphinx

ein Olympier sein / im Olymp von etwas sein

ein Titan / titanenhaft sei

ein Gigant / gigantisch sein

ein Adonis sein

von Amors Pfeil getroffen

ab ovo

Narzissmus und Ödipuskomplex

Drachensaat geht auf

ein Epigone sein

panischer Schrecken / in Panik geraten

wie von Furien gejagt / furios sein

janusköpfig sein

Kassandra sein / Kassandrarufe

ein Sohn der Musen sein

David und Goliath streuen Perlen vor die Säue

Die Bibel als Quelle sprichwörtlicher Redensarten in Europa

Wir kommen *en costume d'Adam / Eve* (französisch), also »im Adams- oder Evaskostüm« zur Welt. Wir kosten während unseres Lebens manche *fruta prohibida* (spanisch), also »verbotene Frucht«, und träumen von Urlaubsparadiesen. In der tausendfach erzählten, gehörten und gemalten Schöpfungsgeschichte jüdisch-christlicher Prägung gehen Adam und Eva nackt durch den »Paradies« genannten herrlichen Garten Eden und lassen sich durch die Schlange verführen, vom Baum der Erkenntnis zu kosten, dessen Früchte zu essen Gott verboten hatte.

Die Bibel, das sogenannte Buch der Bücher, prägt seit zwei Jahrtausenden das Leben vieler Völker und Kulturen auf der ganzen Welt und erweist sich darüber hinaus als eine fast unerschöpfliche Quelle für sprichwörtliche Redensarten Europas. Als hätte Gott zu ihnen gesagt: *Be fruitful and multiply!*, also: »Seid fruchtbar und mehret euch!«

Dieses Zitat aus dem 1. Buch Mose gehört in den Zusammenhang der Schöpfungsgeschichte. Es ist nur eines von vielen Dutzend geflügelten Worten aus der Bibel, die im Alltag begegnen: mal religiös und ernst gemeint, mal ironisch, mal aktualisiert, mal parodiert, mal als Argument, mal zur Unterhaltung. So spricht man etwa in Slowenien mit Bezug auf das letzte Buch der Bibel von einem *knjíga a sedmimi pečati*, also einem »Buch mit sieben Siegeln«, in Deutschland zitiert man Pontius Pilatus mit »Was ist Wahrheit?« und in Finnland kennt man die Redensart *heittää ensimmäinen kivi*, »den ersten Stein werfen«. Die Zitate kommen im sprichwörtlichen Gebrauch immer wieder verkürzt und leicht verändert vor, aber das ändert nichts an der Autorität der Bibel, die man mit ihnen in die Waagschale einer Diskussion legt. Ein Buch der Bibel heißt sogar »Buch der Sprichwörter«, auch als »Buch der Sprüche« oder »Sprüche Salomos« bekannt. Es enthält viele Sprichwörter in Reinform, was eine unkomplizierte Übernahme in den Sprichwortschatz unterschiedlicher Sprachen ermöglichte.

Zu den geflügelten Worten, die direkt der Bibel entstammen wie der Ausdruck »unser täglich Brot« aus dem Vaterunser, kommen viele weitere, die nur inhaltlich an biblische Geschichten und Texte anknüpfen, so der sprichwörtlich gewordene *dans kring den gyllene kalven* (schwedisch), der »Tanz ums Goldene Kalb«, das »salomonische Urteil«, das im Jiddischen *Shloyme hamelkhs misphet* heißt, oder »sein Kreuz tragen müssen«. Bei weiteren werden die meisten »im Dunkeln tappen« (5. Buch Mose) – so unbekannt ist die biblische Herkunft. Dazu gehören *sevel war an traezh* (bretonisch), also »auf Sand gebaut haben« (Matthäus 7,26), »seine Feuertaufe erleben« (u. a. Lukas 3,16) oder das »zweischneidige Schwert« (Buch der Sprüche 5,3 oder Hebräer 4,12).

Darüber hinaus erwiesen sich christliche Gewohnheiten, Traditionen und Legenden als außerordentlich produktiv für unseren Schatz an idiomatischen Wendungen. Wie oft liest man nach der glücklichen Beilegung eines langen Streits vom *fumo branco* (portugiesisch), dem »weißen Rauch«. Das Anfeuern eines Kamins im Vatikan mit bestimmten Brennstoffen erzeugt weißen Rauch; dessen Aufsteigen ist das übliche Zeichen für eine erfolgreiche Papstwahl. Als höchste Entscheidungsinstanz der Christenheit muss der gewählte Papst dann viele Fragen sehr genau, streng und endgültig klären, was die Redensart entstehen ließ, »man solle nicht päpstlicher als der Papst sein«. In England sagt man ähnlich, aber in leichter Variante: *Don't be more chatholic than the pope!*

Wie aber genau bürgerten sich biblische Sprichwörter, Redensarten und geflügelte Worte in den Sprachen Europas ein? Das geschah zum einen schon im frühen Mittelalter in der kleinen gebildeten Oberschicht, die durchweg der Geistlichkeit angehörte. Sie konnte lesen und schreiben, und sie erlernte es mithilfe der Bibel, der Gebete und christlichen Legenden. Ab dem hohen Mittelalter forderte man zunehmend auch von Adligen eine gewisse Grundbildung, und sie lernten ebenfalls anhand von religiösen Texten, zumal Geistliche ihre Lehrer waren. Ab der frühen Neuzeit begriffen schließlich Großkaufleute, Verwaltungsexperten und wohlhabende Bürger, dass Bildung – jedenfalls in gewissem Rahmen – für sie lohnend war. Und dann kam der Buchdruck auf. Innerhalb von Jahrzehnten sanken die Preise für die Bibelausgaben außerordentlich. Der Einfluss der Bibel wuchs ungeheuer mit der Reformation und ihrer Forderung, dass der Glaube sich ausschließlich an ihr zu orientieren habe. Die Protestanten sahen die schulische Bildung der Kinder als

Aufgabe der Kirche an und griffen auch im Unterricht auf die Bibel zurück, was die Katholiken bald übernahmen. Wer konnte, erwarb zumindest ein Neues Testament oder gar eine ganze Bibel und las darin – laut, wie es sehr lange Zeit üblich war. Der regelmäßige und geradezu obligatorische Kirchgang konfrontierte Millionen evangelischer Christen – später auch Angehörige anderer Konfessionen in ganz Europa – mit der Bibel, und das zunehmend in ihrer Landessprache. Die Predigten und frommen Ansprachen der Geistlichen waren gespickt mit Bibelzitaten, und es war für viele Menschen normal, ganze Passagen und Texte wie beispielsweise die Psalmen auswendig zu können.

Gerade auf dem Land, aber durchaus auch unter Bürgern, war es sehr üblich, von morgens bis abends sprichwörtliche Redensarten im Mund zu führen, darunter sehr viele christliche und biblische: um einander zu trösten (»der Herr hat's gegeben, der Herr hat's genommen«), um Begebenheiten zu kommentieren oder einzuordnen (»der ist ein rechter Judas«), um Rat und Tat zu begleiten (»das muss man wie seinen Augapfel hüten«), um zu motivieren (»Alles hat seine Zeit«) und sogar um zu erheitern (»den Seinen gibts der Herr im Schlaf«). Bis weit ins 20. Jahrhundert hinein war das weitverbreitete Praxis.

Dank der Künste stieß man allenthalben in Europa auf Biblisches und jüdisch-christliche Traditionen, die halfen, sprichwörtliche Redensarten aus diesem Bereich vital zu halten. Unzählige Bauten, Gemälde und Skulpturen entstanden in diesem Geist oder spielten darauf an, egal ob sie im direkten kirchlichen Auftrag geschaffen wurden oder aus eigenem Antrieb. Dazu kamen Lieder, Motetten, Kantaten, Gedichte, Schauspiele oder erzählende Texte. Die Künstler konnten sich darauf verlassen, von so gut wie allen Menschen verstanden zu werden, wenn sie auf religiöse Inhalte anspielten. Die biblische Szene und die Redensart waren so bekannt, dass Betrachter Bilder mit dem Thema »Das Scherflein der Witwe« wie etwa das von Gabriel Mitsu (um 1655) auch ohne Titel erkannten, dass man die Programmatik eines Romans mit dem Titel »Tohuwabohu« wie von Sammy Gronemann (1920) sofort verstand oder auch den Kontext eines Songs mit dem Titel »Pearls Before Swines« von Superficial (2018).

Heute ist die Verbreitung biblischer Sprichwörter und Redensarten in den Sprachen Europas durchaus unterschiedlich. In Deutschland gibt es ähnlich wie in den slawischen Sprachen, besonders im Russischen, sehr viele. Eine enge Bindung von Kirche und Staat sorgte genauso für einen biblisch-christlich geprägten Alltag wie eine starke Volksfrömmigkeit. Dazu kamen außerordentlich einflussreiche Bibelübersetzungen. In Russland las und hörte man sie im Kirchenslawischen, das vom 11. bis ins 20. Jahrhundert gleich blieb, in Deutschland wirkte Luthers Bibel sowohl auf die Alltags- wie auf die Literatursprache sehr stark ein. In Frankreich dagegen, das seit der Französischen Revolution schon die Trennung von Staat und Kirche durchsetzte und im Gottesdienst sehr spät erst vom Latein zur Volkssprache wechselte, und in England, wo Religion schon lange als eher private Angelegenheit bewertet wird, hört man biblisch-christliche Idiomatik deutlich seltener.

Dennoch: Ob Lutheraner, Katholiken, griechisch- oder russisch-orthodoxe Christen, Zwinglianer, Calvinisten, Baptisten, Methodisten, Mormonen oder Heiden – in Europa können wir gar nicht ohne sprichwörtliche Redensarten christlich-biblischer Herkunft sprechen, selbst wenn wir es bewusst vermeiden wollten. Warum? Erstens: Wir erkennen sehr viele gar nicht mehr als biblisch. Zweitens: Sie transportieren über Sprachbilder Werte und Erkenntnisse, die weit über das Religiöse hinaus Gültigkeit beanspruchen. Drittens: Sie prägen unsere gemeinsame Kultur, ob wir gläubig sind oder nicht. Und viertens: Sie haben teils schon über 2000 Jahre lang ihre Nützlichkeit bewiesen. Warum also – um Himmels Willen! – sollten wir sie aufgeben?

Zur Salzsäule erstarren

vor Schreck oder Entsetzen plötzlich wie erstarrt dastehen

Diese Redensart geht auf die hochdramatische Geschichte vom Untergang der selbst sprichwörtlich gewordenen Städte Sodom und Gomorrha durch ein göttliches Vernichtungsbombardement zurück. Lediglich vier Personen rettet der Herr: den ihm ergebenen Lot, dessen Frau und ihre beiden Töchter. Er befiehlt ihnen allerdings durch einen Engel, sich bei der Flucht aus der Stadt keinesfalls umzublicken. Lots Frau aber tut es dennoch »... und ward zur Salzsäule« (1. Moses 19, 26).

Was aber ist eine Salzsäule? Und wieso verwandelt sich Lots Frau in eine solche? Es gibt unterschiedliche Interpretationen, wie die Stelle zu verstehen ist. Die praktische bezieht sich auf die in der Antike übliche Art, Salz in Stangen gepresst zu transportieren. Eine große Salz-Stange ähnelte von weitem durchaus einer Menschenfigur. Lots Frau glich im Erstarrungstod vielleicht so einer Salzstange oder -säule. Die gefühlvolle sieht eine Verbindung zu den salzigen Tränen, die die Frau aus Mitleid mit den vielen Getöteten weint. Sie sei gleichsam im Salz ihrer Tränen erstarrt. Die Bibel selbst gibt keinen Grund an für ihr Erstarren. So bildeten sich weitere Thesen: Hatte Lots Frau Gott bei der Vernichtungsarbeit gesehen? Hatte sie Sehnsucht nach dem Leben in Sodom und Gomorrha? War sie zu neugierig? Strafte Gott sie, weil sie sich seinem Gebot widersetzt hatte? Wurde ihr bloß das Zögern zum Verhängnis? Niemand weiß es. An ihr Schicksal erinnert immerhin eine frauenähnliche Felsformationen am Roten Meer, die man nach ihr benannt hat.

Die Szene kam in Predigten vor; sie wurde oft gemalt und oft erzählt. So verbreitete sich die Redensart in 22 Sprachen Europas – mit kleinen Varianten. Man steht wie eine Salzsäule (schwedisch *stå som en saltsod*), man wird zu einer Salzstatue (slowenisch *postati solnat steber*), man erstarrt zur Salzsäule (finnisch *jähmettyä suolapatsaaksi*) oder man ist in eine verwandelt (französisch *changé(e) en statue de sel*). Man sagt es zu oder über jemanden, der sich vor Schreck nicht mehr rühren kann oder auch nur zu träge ist, sich zu bewegen.

Sprachen, die diese Redensart kennen: Dänisch, Deutsch, Estnisch, Finnisch, Französisch, Griechisch, Holländisch, Italienisch, Lettisch, Maltesisch, Norwegisch, Polnisch, Rumänisch, Russisch, Schwedisch, Slowakisch, Slowenisch, Sorbisch, Tschechisch, Ukrainisch, Ungarisch, Westfriesisch.

Ein salomonisches Urteil

eine weise und gerechte Entscheidung, die alle zufriedenstellt

Die Redensart verdankt sich einer Geschichte aus dem Alten Testament. Sie erzählt vom sagenhaften König Israels mit Namen Salomo und seiner sagenhaften Weisheit. Diese beweist er schlagend bei seiner Entscheidung in einer anscheinend unentscheidbaren Sache.

Zwei Frauen leben mit ihren Neugeborenen im selben Haus. Nachts erdrückt die eine ihren Säugling im Schlaf. Als sie es bemerkt, vertauscht sie heimlich ihr totes Kind mit dem lebenden der anderen Frau. Morgens erkennt die Betrogene das fremde tote Kind. Sie klagt die Betrügerin an,

die alles abstreitet. Weil es keine Zeugen gibt, ist die Wahrheit nicht zu ermitteln. So bringt man die beiden Frauen sowie das tote und das lebende Kind vor König Salomo.

Dessen Lösung ist einfach. Er befiehlt: »Teilt das lebendige Kind in zwei Teile und gebt dieser die Hälfte und jener die Hälfte.« (1. Könige 3,15). Damit ist die Betrügerin zufrieden. Die betrogene Mutter aber lässt es nicht zu und verzichtet auf ihren Anteil, damit ihr Kind nur am Leben bleibt. Die Kindsteilung unterbleibt und war auch bloß als Trick gedacht, um die echte Mutter zu ermitteln. Salomo spricht ihr auf dieser Grundlage das Kind zu.

Obwohl die Geschichte weit älter als ihre Version im Alten Testament ist und wahrscheinlich aus Indien stammt, wurde sie mit der Bibel im ganzen Abendland und weit darüber hinaus so berühmt wie sprichwörtlich. Man erzählte sich vom salomonischen Urteil, man las von ihm, und die dramatische Szene mit dem Säugling, über dem das Richtschwert schwebt, bildete man tausendfach auf Kirchenwänden ab, auf Gemälden, in Büchern, von der Darstellung in Theaterstücken und Filmen zu schweigen. Sprichwörtlich wurde außer dem salomonischen Urteil selbst auch die salomonische Entscheidung oder die Weisheit Salomos. Als Vorbild stellte man die dramatische Szene häufig in und an Gebäuden dar, wo Recht gesprochen wurde oder Richter wohnten, so als Skulpturenschmuck am Dogenpalast Venedigs oder als Fresko, gemalt von Giovanni Battista Tiepolo, im erzbischöflichen Palais Udines. Italienisch heißt es übrigens *un giudizio salomonico*.

Sprachen, die diese Redensart kennen: Albanisch, Bosnisch (so weise wie S.), Bulgarisch (Entscheidung), Dänisch (Entscheidung), Deutsch, Estnisch, Finnisch, Französisch, Griechisch (Lösung), Holländisch, Italienisch, Jiddisch, Isländisch, Kaschubisch (S.s Vernunft), Katalanisch, Lettisch, Litauisch, Maltesisch (mit der Weisheit S.s), Mazedonisch, Norwegisch (Weisheit), Polnisch, Portugiesisch, Rumänisch, Russisch, Schwedisch, Serbisch, Slowakisch, Slowenisch, Sorbisch, Spanisch, Tschechisch, Ukrainisch, Ungarisch, Weißrussisch, Westfriesisch.

Auf tönernen Füßen stehen / ein Koloss auf tönernen Füßen

ohne feste Grundlage, sehr unsicher, schlecht begründet sein / etwas Großes und Bedeutendes, das gleichzeitig sehr gefährdet ist.

Was sollen »tönerne Füße« sein? Im Buch Daniel des Alten Testaments findet sich die Antwort. Der babylonische König Nebukadnezar hat einen beunruhigenden Traum und will ihn sich deuten lassen. Als skeptischer Mann fordert er freilich von seinen Traumdeutern als Probe ihrer besonderen Weissagekraft, dass sie ihm vor der Deutung sagen, was er überhaupt geträumt habe.

Das Kunststück bringt allein der Prophet Daniel fertig – mit Gottes Hilfe. Er berichtet ganz richtig, der König habe von einer riesenhaften Statue geträumt, die aus unterschiedlichen Materialien hergestellt war: der Kopf aus Gold, die Brust und Arme aus Silber, der Bauch und die Lenden aus Bronze, die Beine aus Eisen, die Füße teils aus Eisen, teils aus Ton. Dann habe er geträumt, dass ein Stein vom Berg rollte, gegen die schwachen Füße schlug und sie zermalmte, sodass die ganze kolossale Statue mit zerstört wurde. Daniel deutet die unterschiedlichen Abschnitte der Statue als vier Weltreiche, das goldene sei das Reich Nebukadnezars, dem weniger bedeutende Reiche folgen würden, bis das letzte wegen seiner zu wenig stabilen Füße aus Eisen und Ton von einem Stein zu Fall gebracht werde.

Das Bild beeindruckte nicht nur Nebukadnezar, sondern viele Menschen nach ihm, und erwies sich oft als sehr wahr, wenn wieder einmal ein Reich, ein politisches System, ein Konzern oder sonst ein machtvolles Gebilde sehr plötzlich fiel, weil es eine zu schwache Basis gehabt hatte, gleich den tönernen, zerbrechlichen Füßen des Kolosses, von dem Nebukadnezar geträumt hatte. Im Spanischen heißt die Redensart *tener pies de barro*, im Holländischen *op lemen voeten staan*, im Slowakischen *stát' na hlinených*. Von derselben Vorstellung geprägt, aber unabhängig von der biblischen sind viele internationale Redensarten, die so lauten wie »auf schwachen/wackligen Füßen/Beinen stehen«.

Sprachen, die diese Redensart kennen: Albanisch, Deutsch, Estnisch, Finnisch, Holländisch, Italienisch, Kaschubisch, Katalanisch, Kroatisch, Maltesisch, Portugiesisch, Rumänisch, Russisch, Serbisch, Slowakisch, Spanisch, Tschechisch, Ukrainisch, Ungarisch.

Perlen vor die Säue werfen ... und anderes

Weisheiten oder anderes Wertvolle Unwürdigen zukommen lassen

»Perlen vor die Säue werfen« ist selbst eine Perle unter den europäischen Redensarten – so glänzend ist ihre Laufbahn und so schimmernd vielfältig ihre Ausprägungen. Es handelt sich um ein geflügeltes Wort aus dem Matthäusevangelium (7, 6), und zwar aus der berühmten Bergpredigt. Jesus sagt dort: »Ihr sollt das Heilige nicht den Hunden geben, und eure Perlen sollt ihr nicht vor die Säue werfen, damit die sie nicht zertreten mit ihren Füßen und sich umwenden und euch zerreißen.«

Schweine, die einen zerreißen! Das klingt schaurig, fast nach Hannibal Lecter. Wie kommt so etwas in die friedliche Bergpredigt? Kein Wunder, dass das Zitat Generationen von Theologen beschäftigte! Spätestens um 1000 n. Chr. finden sich die biblischen Schweine in den Volkssprachen Europas sprichwörtlich. Als Redensart war das geflügelte Wort leicht zu verstehen: Verschwende Kostbares, ob Dinge oder Worte, nicht

Die Bibel als Quelle

an Unwürdige. Es ist ja wirklich sinnlos, wertvolle, schöne Perlen vor die dreckigen, als dumm geltenden Schweine zu werfen. Außerdem wussten viele, dass Schweine im Judentum als unrein galten, Perlen dagegen als Symbol der Reinheit.

Immer wieder ersetzte man die Perlen freilich durch andere wertvolle Dinge. Im Mittelhochdeutschen etwa liest man: ... *rôtes golt under diu swîn werfen und edel gesteine*. Im Walisischen spricht man bis heute ebenfalls von »Edelsteine vor die Säue werfen«, im Russischen, Weißrussischen und Ukrainischen sind es Glasperlen. Im Bretonischen ist es schließlich Weizenmehl oder Marmelade. Insgesamt kennen 44 europäische Sprachen diese Redensart. Eine besonders schöne Variante ist »Blumen vor die Schweine streuen«.

Bei Pieter Bruegel dem Älteren sieht man auf dem Bild »Die niederländischen Sprichwörter« (1559) einen Mann, der Blumen vor fünf Schweine streut. Wie kam es dazu? Es hat mit den hübschen, weiß blühenden Margeriten zu tun, die ihren Namen auf Umwegen der heiligen Margarete verdanken. Als Schutzheilige der Gebärenden verehrte man sie besonders auf dem Land. Und vor allem in Frankreich nannten Mütter aus Dankbarkeit viele Mädchen Marguerite. Abgeleitet davon wurde der Name dort in der Umgangssprache zu einem Kose- und Spottnamen für hübsche Bauernmädchen und dann auch für die ebenso hübschen und einfachen Blumen. Nun kommt der Name der Heiligen vom griechischen Wort *margarites* für »Perle«. Beim Übersetzen konnten deshalb aus Perlen Blumen werden, und deshalb wirft der Mann auf Bruegels Bild den Schweinen Margeriten vor. In den folgenden Jahrhunderten ersetzte man die Perlen in den Niederlanden allgemein durch »Blumen«. Heute haben sich dort die Rosen durchgesetzt, und man sagt, man solle *rosen niet voor de varkens strooien*.

Sprachen, die diese Redensart kennen: Bosnisch, Bretonisch, Bulgarisch, Dänisch, Deutsch, Englisch, Estnisch, Färöisch, Finnisch, Französisch, Galizisch, Griechisch, Holländisch, Isländisch, Italienisch, Jiddisch, Kaschubisch, Katalanisch, Kroatisch, Lettisch, Litauisch, Luxemburgisch, Mazedonisch, Niederdeutsch, Nordfriesisch, Norwegisch, Polnisch, Provenzalisch, Portugiesisch, Rumänisch, Russisch, Schwedisch, Schwyzerdütsch, Serbisch, Slowakisch, Slowenisch, Sorbisch, Spanisch, Tschechisch, Ukrainisch, Ungarisch, Walisisch, Weißrussisch, Westfriesisch.

Sein Licht unter den Scheffel stellen

seine Verdienste, seine Leistung (nicht) aus Bescheidenheit zu verkleinern suchen

Die Redensart verdankt sich wiederum Jesus und seiner berühmten Bergpredigt im Matthäusevangelium (5, 14 f.). Darin erklärt er seine Jünger zum Licht der Welt und fordert sie dazu auf, dieses leuchten zu lassen, denn »man zündet auch nicht ein Licht an und setzt es unter einen Scheffel«. Im griechischen Original steht das Wort *modion*, das in der Antike ein Gefäß zum Messen von Schüttgut bezeichnete und 8,75 Liter fasste. Luther übersetzte es mit »Scheffel«, welches damals ein in deutschen Landen gebräuchliches Maß war. Scheffel-Maßgefäße fassten zwar meist deutlich mehr, aber sie hatten die gleiche Funktion: Getreide und anderes Schüttgut zu messen. In jedem Fall wäre es widersinnig, ein Licht unter so etwas wie einen Eimer zu stellen. So fordert die Redensart dazu auf, Leistungen und gute Eigenschaften mit berechtigtem Stolz und mit gewissem Nutzen für andere zu zeigen.

Die Redensart »sein Licht unter den Scheffel stellen« ging in 28 europäische Sprachen ein, ob mit oder ohne Verneinung gebraucht. Im Original steht übrigens für »Licht« das Wort *luxnos*, das vor allem Öllämpchen bezeichnete. Bibelübersetzer übertrugen es in unterschiedlichen Ländern mal mit »Kerze«, mal mit »Leuchte«, oft mit »Licht«, aber auch mit »Lampe«, »Öllampe« oder sogar »Fackel«. *Modion* übersetzten die meisten nach den jeweils in der Gegend üblichen Maßen, in Lettland aber ist es die Aussteuertruhe *(turêt sveci zem pûra)*, unter die man das Licht nicht stellen soll, in Litauen ist es der Tisch, im Bosnischen und Serbischen der Topf. Im Polnischen schließlich änderte sich sogar die Bedeutung. Wer »etwas unter dem Scheffel hält« *(trzymać coś pod korcem)*, der bewahrt ein Geheimnis oder hält etwas im Verborgenen.

Sprachen, die diese Redensart kennen: Bosnisch, Dänisch, Deutsch, Englisch, Estnisch, Faröisch, Finnisch, Französisch, Holländisch, Isländisch, Italienisch, Lettisch, Litauisch, Niederdeutsch, Norwegisch, Polnisch, Portugiesisch, Provenzalisch, Rumänisch, Russisch, Schwedisch, Schwyzerdütsch, Serbisch, Sorbisch, Slowenisch, Ungarisch, Weißrussisch, Westfriesisch.

Die Bibel als Quelle

Es fällt einem wie Schuppen von den Augen.

Plötzlich wird einem etwas klar, plötzlich erkennt man etwas, für das man vorher erstaunlicherweise blind war.

Eine dramatische Geschichte im Neuen Testament steckt hinter der Redensart. In der Apostelgeschichte liest man im 9. Kapitel, wie eine himmlische Erscheinung den berüchtigten Christenverfolger Saulus von Tarsus vor der Stadt Damaskus vom Pferd schlägt und erblinden lässt. Man bringt den Geblendeten in die Stadt, wo er drei Tage lang nichts sieht, nichts isst, nichts trinkt. Im Auftrag Jesu besucht ihn der Jünger Hananias und legt ihm die Hand auf. Dann kommt die entscheidende Stelle: »Und sogleich fiel es von seinen Augen wie Schuppen, und er wurde wieder sehend« (Apg. 9, 18).

Man stellte sich in der Antike nämlich vor, dass verdickte Hautschuppen auf dem Augapfel Sichttrübungen und Erblindungen verursachen könnten. Das Handauflegen ließ Saulus, der unter seinem römischen Namen Paulus und als Apostel berühmt werden sollte, so plötzlich sehend werden, als seien diese Sichthindernisse auf einmal abgefallen.

Der biblische Kontext erklärt auch den Unterton der Redensart. Oft verwendet man sie ja etwas selbstkritisch, wenn man etwas spät erkennt, das man längst hätte erkennen können. So wie der verblendete, dann geblendete Saulus Christus erst nach dieser drastischen Behandlung als den Herrn erkennt.

Den meisten Menschen ist diese Erfahrung vertraut, und so verbreiteten sich neben der biblischen Redensart auch ähnliche aus anderen Quellen. Im Katalanischen, Tschechischen, Italienischen und Makedonischen heißt es denn auch, dass einem eine Binde, ein Schleier oder ein Vorhang von den Augen falle.

Sprachen, die diese Redensart kennen: Bulgarisch, Dänisch, Deutsch, Estnisch, Finnisch, Französisch, Holländisch, Irisch, Kaschubisch, Lettisch, Litauisch, Luxemburgisch, Nordfriesisch, Norwegisch, Polnisch, Schwedisch, Sorbisch, Ungarisch, Tschechisch, Walisisch, Westfriesisch.

Seine Feuertaufe oder Feuerprobe erleben/bestehen/empfangen

sein erstes Gefecht erlebt haben, eine Bewährungsprobe hinter sich haben

Diese sprichwörtliche Redensart ist ein Paradebeispiel dafür, wie sich stehende Wendungen über Jahrhunderte verändern und entwickeln können und im Lauf der Zeit immer neue Zuflüsse aus anderen Quellen erhalten.

Der Ursprung der Feuertaufe ist ganz offensichtlich das Matthäusevangelium 3,11. Johannes der Täufer beweist seine Bescheidenheit in dem Satz: »Ich taufe euch mit Wasser zur Buße; der aber nach mir kommt, ist stärker als ich, und ich bin nicht wert, ihm die Schuhe zu tragen; der wird euch mit dem Heiligen Geist und mit Feuer taufen.« Auch im Lukasevangelium kommt die Feuertaufe vor. Ohne Zweifel bezieht man die feurige Taufe mit dem Heiligen Geist auf das Pfingstereignis, das in der Apostelgeschichte 2,3 so beschrieben wird: »Und es erschienen ihnen Zungen, zerteilt und wie von Feuer, und setzten sich auf einen jeden von ihnen.«

In diesem biblischen Sinn war die Feuertaufe bekannt und stand für die Ausgießung des Heiligen Geistes über die Gläubigen, die »Feuer und Flamme« waren für das Christentum. Und so verwendete man den Ausdruck bis weit in 19. Jahrhundert hinein in Deutschland und vielen anderen christlich geprägten Ländern.

In Soldatenkreisen dagegen verstand man europaweit schon deutlich vorher die Redensart ganz anders. Wer das erste Mal im Feuer gestanden hatte, Pulverdampf, Gefechtslärm, das Fallen der Getroffenen erlebt und ihm standgehalten hatte, der habe »seine Feuertaufe empfangen« oder »bestanden«. *Baptism of fire* hat im Englischen genau dieselbe Doppelbedeutung oder *passer le baptême du* feu im Französischen oder im Dänischen *få sin ilddåb*.

Und da aller guten Dinge drei sind, spielt in diese Entstehungsgeschichte eine dritte Redensart hinein, die in der Bibel, aber auch in anderen antiken Schriften schon sprichwörtlich vorkommt: die »Feuerprobe bestehen«. Dabei geht es um einen Test, der mittels Feuer die Reinheit von Gold bestimmt. Das verknüpfte schon das alttestamentliche Buch der Sprüche mit der göttlichen Prüfung der Herzen, und Erasmus von Rotterdam nahm in sein großes Sprichwörterwerk »Adagia« das lateinische *aurum igni probatum* auf, was einfach »Gold, im Feuer geprüft« bedeutet.

In der Kombination dieser drei Quellen konnte die Redensart sehr unterschiedliche Situationen beschreiben, in denen unangenehme, harte, schwierige Herausforderungen zum ersten Mal und wie ein Test der eigenen Stärke erfahren werden. Bitter also, wer die Feuertaufe erlebt, aber die Feuerprobe nicht bestanden hat.

Sprachen, die diese Redensart kennen: Albanisch, Bosnisch, Dänisch, Deutsch, Englisch, Färöisch, Finnisch, Französisch, Griechisch, Holländisch, Isländisch, Italienisch, Katalanisch, Kroatisch, Lettisch, Rumänisch, Russisch, Schwedisch, Serbisch, Slowakisch, Slowenisch, Spanisch, Tschechisch, Ukrainisch, Ungarisch (Feuerprobe), Westfriesisch.

Im Polnischen, Russischen, Sorbischen und Ukrainischen heißt es außerdem ähnlich »die Taufe der Schlacht / des Krieges bestehen/erhalten«.

Kein Jota ändern

nicht die kleinste Kleinigkeit ändern, nicht im Geringsten abweichen

Die Redensart der Genauigkeit überrascht mit einem Buchstaben des griechischen Alphabets. In einem anderen Bibelwort kommen Alpha und Omega vor, was sprichwörtlich zum »A und O« wurde. Wieso blieb es hier bei dem fremden Buchstaben? Ein gar nicht so kleines Geheimnis steckt dahinter, das in Europa viele fasziniere und Jahrhunderte sogar prägend für das christliche Abendland bis heute wurde.

Eigentlich handelt es sich um ein geflügeltes Wort, ein Zitat aus der Bergpredigt. Im Matthäusevangelium 5, 18 sagt Jesus: »Amen, ich sage euch: Bis Himmel und Erde vergehen, wird kein Jota und kein Häkchen des Gesetzes vergehen, bevor nicht alles geschehen ist.« Luther übersetzte »Jota« salomonisch mit »der kleinste Buchstabe«. In vielen modernen Übersetzungen steht »kleinster Buchstabe«, *la plus petite lettre* oder *not the smallest letter*, im griechischen Urtext aber und in vielen älteren Übersetzungen und der hier zitierten Einheitsübersetzung von 2016 steht »Jota«.

Das Jota ist nun wirklich der kleinste Buchstabe im Griechischen, als *iota subscriptum* ist er sogar noch kleiner, wird unter andere Buchstaben geschrieben und leicht einmal beim Kopieren vergessen. Insofern leuchtete die Redensart sofort ein, zumal das Neue Testament in Griechisch verfasst ist.

Geradezu prophetisch wirkte das Bild, als im 4. Jahrhundert tatsächlich um ein Jota gestritten wurde. Es ging um die Frage, ob Jesus gottgleich – im Griechischen *homoousios* – sei oder gottähnlich – im Griechischen *homoiousios*. Nur ein Jota machte den Bedeutungsunterschied aus, der zu einem ungeheuren Streit unter Theologen und weit über diese Sphäre hinaus führte. Bereits dieser Zwist machte das Jesuswort sprichwörtlich.

Allerdings war Jesus Jude und konnte kein Griechisch. Meinte er vielleicht den Buchstaben Jod des Hebräischen, der ebenfalls sehr klein war und unserem Apostroph gleicht? Oder gar, denn er hatte ja Aramäisch als Muttersprache, dessen Buchstaben Judh, der nur einem Punkt ähnelt? Das ist heute leider nicht mehr entscheidbar.

In jedem Fall zitieren die Europäer seit langer Zeit, geht es um Unveränderlichkeit, Jesus und das Jota, so die Schweden *inte ändra ett jota* oder die Schweizer *kes Jota ändere*. Die Redensart eignete sich aber auch, um Kleinheit zu bezeichnen, so im Spanischen, wo man *no saber ni jota* sagt, was »kein Jota wissen« heißt und »nichts über etwas wissen« bedeutet. Ähnlich verhält es sich beim Westfriesischen *jin jota fan eat begripe*. Was so ein kleiner Buchstabe für eine große Karriere machen kann!

Sprachen, die diese Redensart kennen: Bulgarisch, Dänisch, Deutsch, Englisch, Französisch, Galizisch, Griechisch, Holländisch, Italienisch, Jiddisch, Kroatisch, Makedonisch, Niederdeutsch, Norwegisch, Polnisch, Portugiesisch, Rumänisch, Russisch, Schwedisch, Schwyzerdütsch, Serbisch, Slowakisch, Spanisch, Ukrainisch, Ungarisch, Westfriesisch, Weißrussisch.

Eine Variante entwickelten einige Sprachen, die das Wort »Komma« (Galizisch, Kaschubisch, Katalanisch, Tschechisch) oder »Virgel« (Italienisch, Ladinisch, Portugiesisch, Venezianisch) statt »Jota« verwenden. Die Virgel ist ein Schrägstrich als Gliederungszeichen, die zum ebenfalls sehr kleinen Komma wurde und es auch bezeichnen kann. Im Spanischen und Maltesischen ist es kein »Punkt«, der geändert wird.

Weitere Redensarten und Sprichwörter, die auf die Bibel zurückgehen:

Altes Testament:

verbotene Früchte

im Adams-/Evaskostüm

im Schweiße deines Angesichts (sollst du dein Brot essen)

so alt wie Methusalem

Sodom und Gomorrha

das gelobte Land

das schwarze Schaf (der Familie)

das eigene Fleisch und Blut

das Land, wo Milch und Honig fließt

der Tanz ums Goldene Kalb

im Dunkeln tappen

etwas wie seinen Augapfel hüten

nichts Neues unter der Sonne

zu Asche und Staub werden

den Schlaf der Gerechten schlafen

Turmbau zu Babel / der babylonische Turmbau

eine ägyptische Finsternis

zehn Gebote

Auge um Auge, Zahn um Zahn

ein Sündenbock sein

David und Goliath

Wer andern eine Grube gräbt, fällt selbst hinein.

das auserwählte Volk

Hochmut kommt vor dem Fall.

Alles hat seine Zeit.

in Abrahams Schoß

im siebten Himmel

Altes und Neues Testament:

ein Dorn / Splitter im Auge / in jemandes Seite sein

seine Hände in Unschuld waschen

Ja und Amen sagen

mit Zähneknirschen

jemanden unter seine Fittiche nehmen

ein zweischneidiges Schwert sein

ein Prediger in der Wüste / eine Stimme in der Wildnis

den Weg mit etwas / für etwas pflastern

wie ein Lamm zur Schlachtbank gehen / geführt werden

Es geschehen Zeichen und Wunder.

Neues Testament:

die Spreu vom Weizen trennen

das / unser tägliches Brot

auf Sand bauen / gebaut sein

sein Kreuz tragen / zu tragen haben

auf fruchtbaren Boden fallen

dem Kaiser geben, was des Kaisers ist

keinen Stein auf dem anderen lassen

das A und O sein

ein Stein des Anstoßes sein

das Salz der Erde sein

ein Wolf im Schafspelz sein

barmherziger/guter Samariter

ein ungläubiger Thomas sein

wie ein Dieb in der Nacht

Wurzel allen Übels

Krokodilstränen im selben Boot

Die antiken Wissenschaften und Weisen als Quelle sprichwörtlicher Redensarten in Europa

Dass die Menschen sich im Lauf der Zeit in ihrer Gefühls- und Glaubenswelt gar nicht so grundlegend geändert haben, legen sprichwörtliche Redensarten und ihre außerordentliche Langlebigkeit nahe. Diese riesige Menge an altehrwürdigen Sprachformeln hätte nicht überlebt, besäßen sie nicht eine zeitlose Überzeugungskraft und Verständlichkeit.

Zu diesem Redensarten- und Sprichwortschatz trugen auch die antiken Wissenschaften bei. Ihre Anfänge kann man in der griechischen Antike finden, so bei Thales von Milet, Pythagoras und Aristoteles sowie ihren römischen Nachfolgern wie Plinius dem Älteren. Ihnen waren Empirie, Experimente, Analyse, Widerspruchsfreiheit, Logik, Analyse und vieles mehr durchaus vertraut.

Ein Beispiel: Antike Forscher untersuchten, um dem Geheimnis des Winterschlafs auf die Spur zu kommen, Bärenhöhlen im Winter. Deren pelzige Bewohner trafen sie nicht selten mit einer Pfote im Maul an und leise schmatzend. Daraus folgerte man, in den Pfoten befände sich eine Nährmilch, welche die Bären aus sich selbst saugen und zur Ernährung den langen Winter über nutzen. Die für uns abenteuerlich klingende Erklärung galt für weit über eineinhalb Jahrtausende als Tatsache oder zumindest als eine Möglichkeit. Fachbücher des 16. Jahrhunderts beschreiben nicht nur das Phänomen, sondern auch schon die Übertragung ins Sprichwörtliche, wobei es damals hieß »wie ein Bär an seinen Pfoten saugen«. Noch Johann Wolfgang Goethe schrieb in seiner Gedichtsammlung »Sprichwörtlich« von 1815: »Dichter gleichen Bären, die immer an eignen Pfoten zehren.« In der selben Sammlung steht aber auch die heute gebräuchliche Formulierung: »Ihr meint, ich hätt mich gewaltig betrogen; / Hab's aber nicht aus den Fingern gesogen.« Man findet sie – oft als etwas veralteten Ausdruck – auch in anderen europäischen Sprachen, so im Englischen, wo es heißt *to suck a thing out of one's fingers ends*.

Obwohl es wie aus den Fingern gesogen klingt, verdankt sich auch das europaweit bekannte »rote Tuch« einer antiken Überzeugung und nicht dem spanischen Stierkampf, und das, obwohl es ja oft heißt »wie das rote Tuch für den Stier«. In 14 romanischen Sprachen, inklusive Spanisch, kommt die Redensart so überhaupt nicht vor. Dafür liest man in der antiken Literatur immer wieder die Behauptung, einen Elefanten reize weiße Kleidung, einen Stier rote. Über Erasmus und andere Humanisten verbreitete sich die um den Elefanten verkürzte Redensart vom »roten Tuch für den Stier« in Mittel-, Nord- und Osteuropa. Erst Reiseberichte über die Art und Beliebtheit des Stierkampfes in Spanien legten ab dem späten 18. Jahrhundert zunehmend die falsche Erklärung der Redensart nahe. Ein ideales Beispiel dafür, wie verführerisch das Naheliegende gerade im Bereich der Spracherklärungen ist und wie wichtig die Aufforderung des Gelehrten Erasmus von Rotterdam in philologischen Fragen möglichst immer *ad fontes*, also »zu den Quellen« zu gehen.

Selbst die Titelfigur dieses Buches, der Vogel Phönix, entstammt der antiken Wissenschaft, in der sich noch ganz zwanglos Mythologie und genaue Beobachtung, Freude am Fabulieren und am Analysieren miteinander verquicken. In diesem Kapitel wird man einigen überraschenden Beispielen begegnen, die Europa sprichwörtlich bereicherten. Wer darüber bloß die Nase rümpft, sollte sich vielleicht an schier unglaubliche, gleichwohl wahre Naturwunder wie gebärende Seepferdchenmännchen erinnern und an Monarchfalter, die jährlich Wanderungen von bis zu 3600 Kilometern mit perfekter Navigation unternehmen.

Weil in dieser Zeit Natur- und Geisteswissenschaften Hand in Hand gingen, speisten auch antike Philosophen, Rhetoren und Politiker den Fundus europäischer Sprichwörter und Redensarten, darunter Sokrates, Aristoteles, Seneca, Cicero und viele andere.

Krokodilstränen weinen

Mitleid oder Trauer vortäuschen

William Shakespeare bringt es wieder einmal auf den Punkt. Er vergleicht ein betrügerisches Täuschungsmanöver mit dem Klagen eines Krokodils:

»... as the mournful crocodile / With sorrow snares relenting passengers« (Henry VI, Teil 2, III, 1). Ein klagendes Krokodil, das durch seine Jammerlaut-Falle Wanderer mitleidig macht?

Genau! Shakespeare bezieht sich hier auf antike Erzählungen. Schon bei Plutarch und Plinius dem Älteren finden sich die sprichwörtliche Verwendung der Krokodilstränen und die Behauptung, Krokodile lockten Wanderer mit Seufzern und Wehgeräuschen, die manchmal an weinende Kinder erinnerten, in ihre Nähe, um sie dann zu verzehren. Dabei würden sie sogar Tränen vergießen. Was für Heuchler!

Das klingt zwar sehr sagenhaft und unglaubwürdig, aber es gibt moderne Biologen, die sich an die Überprüfung machten und Erklärungen für die Beobachtung fanden. Einen Zusammenhang zwischen Tränenflüssigkeitsabsonderung und Emotionen fand man nicht. Allerdings kommt das Phänomen beim Fressen vor. Die Tränendrüsen des Krokodils werden dabei einerseits vom Oberkiefer angeregt, andererseits durch Luft, die beim Fressen mitgeschluckt wird und durch die Schädelhöhlen fließt. Das verursacht übrigens auch ein Geräusch, das einem Seufzen ähnelt.

Es gibt also durchaus eine wissenschaftliche Begründung für die Krokodilstränen. Wer sie in der Antike beobachtete, musste freilich auf die Idee kommen, es sei der Höhepunkt der Heuchelei, Tränen über die erlegte Beute zu vergießen, zumal trügerische Tränen und Klagegesänge auch in anderen Mythen über mörderische Ungeheuer vorkommen. So locken etwa die Sirenen oder die Harpyien singend und klagend ihre Opfer an.

In Europa sorgten frühchristliche Theologen fürs Weiterleben der Reptilien-Geschichte, die bis ins Hochmittelalter oft erzählt wurde. Im 16. und 17. Jahrhundert wuchs die Popularität durch die beliebte Bild und Text kombinierende Kunst der Emblematik. Bilder weinender Krokodile mit Umschrift und Text darunter warnten vor Heuchelei, Leichtgläubigkeit und Täuschung. Von hier aus gelangte der Ausdruck in unterschiedlichen Varianten in alle Länder Europas, in die Literatur und bald auch in die Alltagsrede. Im Französischen heißt es *verser des larmes de crocodile*, im Schwedischen *gråta / fälla krokodiltårar* und im Schwyzerdütschen *Krokodilsträne brüele*. Das Exotische und Unheimliche des Tiers wirkte sicher bei der Verbreitung mit, kannten es die meisten doch höchstens als ausgestopftes oder mumifiziertes Tier in Apotheken oder Raritätenkabinetten.

Sprachen, die diese Redensart kennen: Albanisch, Baskisch, Bosnisch, Bulgarisch, Dänisch, Deutsch, Englisch, Estnisch, Faröisch, Finnisch, Französisch, Galizisch, Griechisch, Holländisch, Isländisch, Italienisch, Jiddisch, Katalanisch, Kroatisch, Lettisch, Litauisch, Luxemburgisch, Maltesisch, Mazedonisch, Niederdeutsch, Nordfriesisch, Norwegisch, Okzitanisch, Polnisch, Portugiesisch, Provenzalisch, Rötoromanisch, Rumänisch, Russisch, Schwedisch, Schwyzerdütsch, Serbisch, Slowakisch, Slowenisch, Spanisch, Tschechisch, Ukrainisch, Ungarisch, Venezianisch, Walisisch, Weißrussisch.

Schuster, bleib bei deinem Leisten!

Tue/beurteile/besprich nichts, wovon du nichts verstehst!

Plinius der Ältere erzählt in seinem so umfang- wie einflussreichen Mammutwerk »Naturalis Historia« (Buch XXXV, Kap. 36) ausführlich über die Fähigkeiten, das Leben und die Eigenheiten des genialen Malers Apelles, der als Hofmaler für Alexander den Großen wirkte.

Dabei erwähnt er auch eine Anekdote, die sprichwörtlich wurde. Apelles besaß die Gewohnheit, ein neues Bild an einer belebten Stelle der Öffentlichkeit zu zeigen, wobei er sich hinter dem Bild versteckte, um die Kritik der Passanten zu hören. Er schätzte deren Meinung nämlich höher ein als die der Kollegen. Bei so einer Gelegenheit kritisierte einmal ein Schuster das Fehlen eines Schuhriemens. Als er am nächsten Tag bemerkte, dass Apelles den Fehler korrigiert hatte, mäkelte der durch den Erfolg seiner ersten Kritik ermutigte Schuster auch noch am Bein der Figur herum. Da streckte Apelles seinen Kopf hinter dem Gemälde hervor und sagte den sprichwörtlich gewordenen Satz, der Schuster möge nicht über den Leisten hinaus urteilen.

In der bei Plinius erwähnten Form *Ne sutor supra crepidam!* übernahmen ihn zahllose Autoren der folgenden Jahrhunderte, vor allem seit dem Zeitalter des Humanismus und in Bezug auf Kritiker der bildnerischen Kunst. Zunehmend übertrug man das Sprichwort in die jeweilige Muttersprache und verkürzte oder veränderte es leicht, so im Englischen: *Let the cobbler / The cobbler should stick to his last*. Oder im Italienischen, wo »bleib bei deinem« durch »sprich nur von« und »Leisten« durch »Metier« oder »bleib beim Leder« ersetzt wurde: *Ciabattiere, parla sol del tuo mestiere / rimanti al cuojo.*

Sprachen, die dieses Sprichwort kennen: Dänisch, Deutsch, Englisch, Estnisch, Finnisch, Französisch, Holländisch, Jiddisch, Katalanisch, Lettisch, Norwegisch, Polnisch (auch Ahle, Faden), Portugiesisch, Provenzalisch, Rätoromanisch, Russisch, Schottisch, Schwedisch, Slowakisch, Slowenisch, Spanisch, Tschechisch, Ukrainisch, Ungarisch, Walisisch.

Wissen, wo der Schuh drückt

Die – oft verborgenen, heimlichen – Ursachen von Sorgen, Nöten, Bedrängnissen kennen

Eine römische Anekdote, die Plutarch gleich zweimal in seinen Werken erzählt, steckt hinter dem Ausdruck. In seinen »Parallelbiographien« berichtet er über den Feldherrn und Politiker Lucius Aemilius Paullus Macedonicus und dessen Scheidung von seiner ersten Frau Papiria (V, 1-4). Plutarch selbst weiß nichts über die Gründe dafür, aber er weist auf eine Geschichte hin, in der ein Mann in gleicher Situation von seinen Freunden verständnislos befragt wird. »Ist sie nicht besonnen?«, fragen sie. »Ist sie nicht wohlgestaltet? Ist sie nicht fruchtbar?« Der Mann zeigt auf seinen Schuh und sagt: »Ist er nicht schön? Ist er nicht neu? Aber keiner von euch kann mir sagen, wo er meinen Fuß drückt.«

Plutarch fügt noch – auch für uns Heutige zutreffend – an, dass neben großen und offenkundigen Problemen eben auch kleine, unentwegte Reibungen für Außenstehende zwar unbemerkt bleiben, aber doch zu einer heillosen Entfremdung und eben zu einer Scheidung führen können. Nebenbei sollte man noch anmerken, dass in vielen Kulturen der Schuh ein Symbol für die Frau ist und das Hineinschlüpfen in ihn für den Sexualakt steht.

Die Anekdote fand über Plutarch in zahllose Texte der Antike und der Neuzeit, und ihr Kern wurde zur gesamteuropäischen Redensart in vielen Varianten, zum Teil so verkürzt, dass man den Ursprung kaum noch erkennt. So im Luxemburgischen, wo es heißt *Wou dréckt et dann?* Also: »Wo drückt es denn?« Und im Katalanischen heißt es *saber de quin peu es dol,* also »wissen welcher Fuß schmerzt«. Im Albanischen sagt man sprichwörtlich: *S'e ka vrarë këpuca.* (»Der Schuh hat ihn nicht gedrückt.«) Das bedeutet, jemand lebte bislang ohne – besonders finanzielle – Sorgen. In Frankreich ist es seltsamerweise der Packsattel, der einen drückt: *savoir où le bât blesse.* Und in Irland wurde ein langes

Sprichwort daraus: *Níl a fhios ag duine cá dteannann an bhróg ar an duine eile.* (»Keiner weiß, wo der Schuh einen anderen drückt.«)

Sprachen, die diese Redensart kennen: Bulgarisch, Dänisch, Deutsch, Englisch, Estnisch, Finnisch, Flämisch, Holländisch, Irisch, Isländisch, Jiddisch, Katalanisch, Lettisch, Luxemburgisch, Niederdeutsch, Norwegisch, Polnisch, Schwedisch, Serbisch, Slowakisch, Sorbisch, Spanisch, Tschechisch, Ungarisch, Westfriesisch.

Mit dem falschen oder linken Fuß (zuerst) aufgestanden sein

grundlos schlechte Laune haben; den ganzen Tag über Pech haben

Die Bedeutung der Redensart variiert nach Ton und Situation. Dahinter steckt ein sehr altes, international verbreitetes Wertesystem, das die linke Seite und links überhaupt mit dem Unglück verbindet und üblen Vorzeichen, die rechte aber als die des Richtigen und des Glücks versteht.

Die Basis für die Sprichwörtlichkeit des Ausdrucks in Europa findet sich in der festen Verankerung dieser Vorstellung im römischen Alltag und in der römischen Kultur. In Texten aller Art stößt man auf diese Überzeugung, die als so wichtig galt, dass sie sogar eine eigene Berufsgruppe entstehen ließ: die Fußwächter. Sie standen beispielsweise an den Türen öffentlicher Gebäude, und ihre Aufgabe war es, die Menschen auf das Betreten oder Verlassen des Gebäudes mit dem rechten Fuß hinzuweisen.

Der Beginn des Tages galt darüber hinaus damals – wie vielen noch heute – als besonders wichtig und vorbestimmend für dessen weiteren Verlauf. So achteten in den Häusern begüterter Römer Sklaven darauf, dass die Herrschaft nicht mit dem linken Fuß zuerst aufstand oder auf der linken Seite das Bett verließ.

Aufgrund der Verehrung der römischen Kultur und der römischen Texte über sehr lange Zeit und der allgemeinen Verbreitung der Wertevorstellungen von links und rechts verbreitete sich die Redensart in fast alle Sprachen, so zum Beispiel ins Spanische *(levantarse con el pie izquierdo)* oder ins Holländische *(met het linkerbeen uit bed gestapt zjin)*. Dabei ist es meist so, dass ein grundlos mürrischer Mensch von anderen neckend oder zurechtweisend die Redensart in der Form hört: »Du bist wohl mit dem linken/falschen Fuß (zuerst) aufgestanden!«, wohingegen jemand mit viel Pech an einem Tag eher selbst sagt: »Ich bin wohl mit dem linken/falschen Fuß zuerst aufgestanden.«

Sprachen, die diese Redensart kennen: Albanisch, Baskisch, Bosnisch, Bulgarisch, Dänisch, Deutsch, Englisch, Estnisch, Färöisch, Finnisch, Französisch, Galizisch, Griechisch, Holländisch, Isländisch, Italienisch, Jiddisch, Kaschubisch, Katalanisch, Kroatisch, Ladinisch, Lettisch, Litauisch, Luxemburgisch, Mazedonisch, Niederdeutsch, Nordfriesisch, Norwegisch, Polnisch, Provenzalisch, Portugiesisch, Rätoromanisch, Russisch, Sardinisch, Schottisch, Schwyzerdütsch, Serbisch, Slowakisch, Slowenisch, Sorbisch, Spanisch, Tschechisch, Ukrainisch, Ungarisch, Venezianisch, Walisisch, Weißrussisch, Westfriesisch.

Grün vor Neid sein/werden

besonders neidisch sein

Comiczeichner nehmen diese Redensart gern wörtlich und malen Figuren genüsslich schön grün. Es kann freilich auch gelbe Gesichter geben, die Neid ausdrücken.

Die Redensart basiert auf der sogenannten Säftelehre, der zufolge vor allem vier Hauptkörpersäfte entscheidend für unser Wohlergehen und unsere Wesensart sind: schwarze Galle, gelbe Galle, Schleim und Blut. Sie sollten gleichmäßig im Körper vorhanden sein. Ein Ungleichgewicht führe zu krankhaften Gemütern. Zu viel schwarze Galle mache einen zum Melancholiker, zu viel Schleim zu einem Phlegmatiker, zu viel Blut zu einem Sanguiniker, zu viel gelbe Galle zu einem Choleriker.

Dem Choleriker schrieb man als Charaktereigenschaften Jähzorn zu, Eifersucht und Neid, und sein Gesicht, so behaupteten es die alten Ärzte und Philosophen, zeige eine gelblich-grünliche Färbung.

Da die Säftelehre bis ins 18. Jahrhundert vorherrschende Lehrmeinung war und bis weit ins 19. Jahrhundert hinein Anhänger unter Ärzten wie Gelehrten fand, beeinflusste sie auch die Neid-Redensarten.

Sprachen, die diese Redensart kennen: Bosnisch, Bretonisch (blau), Bulgarisch, Dänisch (gelb und grün), Deutsch (gelb, grün, blass), Englisch, Estnisch, Färöisch, Finnisch, Französisch, Griechisch (auch »grün vor Ärger«), Holländisch (grün und gelb), Isländisch, Italienisch, Kaschubisch, Katalanisch, Kroatisch, Lettisch, Litauisch, Luxemburgisch (grün und gelb), Maltesisch, Mazedonisch, Niederdeutsch (grün und gelb), Nordfriesisch (grün und gelb), Norwegisch, Okzitanisch, Polnisch (auch gelb), Portugiesisch, Provenzalisch, Rätoromanisch (gelb und grün), Russisch, Sardisch, Schwedisch, Schottisch, Serbisch, Slowakisch, Slowenisch, Spanisch, Westfriesisch (grün und gelb), Schwyzerdütsch, Tschechisch, Ukrainisch (grün vor Ärger werden), Ungarisch (gelb), Walisisch, Weißrussisch (grün vor Ärger werden).

Der Stein der Weisen

eine geniale Lösung, eine unrealistische Lösung aller Probleme

Ein Band aus der Kinderbuchserie »Harry Potter« machte den *philosopher's stone*, wie er im Englischen heißt, wieder ungeheuer populär. In vielen europäischen Sprachen war er freilich seit Jahrhunderten sprichwörtlich. Da hieß er mal »Stein der Weisen/Philosophen«, so isländisch *steinn vitringanna*, mal »philosophischer Stein«, so im Französischen *la pierre philosophale* oder im Katalanischen *la pedra filosofal*, oder »Stein der Weisheit« wie im Slowenischen *kamen modrosti*.

Eigentlich wusste und weiß kaum jemand so recht, was man sich darunter vorstellen soll. Das machte ihn zu einer perfekten Projektionsfläche. Man schrieb ihm magische Kräfte zu und behauptete, der legendäre Hermes Trismegistos, eine Mischung aus dem griechischen Götterboten und dem ägyptischen Weisheitsgott Thot, habe ein Rezept für seine Erstellung aufgeschrieben. In der Spätantike umschrieb der Alchemist Zosimos aus Panopolis ihn eher als ein mystisches Konzept. Allgemein verstanden ihn viele als ein wunderbares, nicht immer als Stein definiertes Etwas, das für die Lösung aller Geheimnisse und Fragen dienlich wäre. In diesem Sinne wurde er in zahlreichen Sprachen sprichwörtlich.

Für sein Fortleben in der Alchemie des Mittelalters sorgte vor allem die Auffassung der Spätantike, er sei eine Art Katalysator, der Unedles in Edles verwandeln könne. Dabei ging es wohl zuerst um eine innere, mystische Wandlung eines Menschen, die eine winzige Menge einer *materia prima*, also eines ursprünglichen Stoffes mit der Solidität eines Steines, bewirken könne. Doch sehr bald schrieb man dieser Art von Materie, die man nun zunehmend »Stein« nannte und den Weisen zuordnete, auch die Fähigkeit zu, unedle Metalle in edle wie Silber oder Gold zu verwandeln. Immer neue geheimnisvolle Schriften zu Destillier- und Reinigungsverfahren entstanden, die nur vom Meister auf den Schüler weitergegeben wurden. Alchemisten nannte man diese Weisen an der Schwelle zwischen Chemie und Zauberei. Viele von ihnen suchten ihr Leben lang nach dem Stein der Weisen und schrieben ihm weitere Wunderkräfte zu. Auf diese Weise wurde er zu einem Stoff für Geschichten, Sagen und Märchen, womit er sich dann als sprichwörtliche Redensart einbürgern konnte.

Sprachen, die diese Redensart kennen: Baskisch, Bosnisch, Bretonisch, Bulgarisch, Dänisch, Deutsch, Englisch, Estnisch, Finnisch, Französisch, Galizisch, Griechisch, Holländisch, Isländisch, Italienisch, Katalanisch, Kroatisch, Lettisch, Litauisch, Maltesisch, Mazedonisch, Norwegisch, Polnisch, Portugiesisch, Rätoromanisch, Rumänisch, Russisch, Schwedisch, Serbisch, Slowakisch, Slowenisch, Sorbisch, Spanisch, Tschechisch, Ukrainisch, Ungarisch, Weißrussisch, Westfriesisch

Im selben Boot sitzen

in derselben, meist unangenehmen Lage wie jemand anderes sein, die gegenseitiges Verständnis und Unterstützen ratsam erscheinen lässt

Wer leichtfertig sagt »das Boot ist voll«, muss damit rechnen, das er selbst »ausgebootet wird« und dann nicht mehr »im selben Boot sitzt«. Gerade in unseren Zeiten vieler, vieler Bootsflüchtlinge merkt man, wie stark unsere Sprache von der Seefahrt geprägt ist – und das schon seit Jahrtausenden.

Unsere Redensart hier verdankt sich dem Politiker und Rhetor Marcus Tullius Cicero, der 53 v. Chr. an seinen Freund, den späteren Volkstribun, Gaius Curio schrieb: *ubicumque es, ut scripsi ad te ante, in eadem es navi*, also: »Wo auch immer du bist, wie ich dir schon früher geschrieben habe, du bist im selben Schiff.« Ihm gefiel die Formulierung offenbar so gut, dass er sie mehrfach verwendete. Ein politischer Kopf wie Cicero bezog sich in seinem Brief auf das alte Bild vom Staat als Schiff, das noch heute beliebt ist. Man denke nur an all die Politiker, die »ans Ruder kommen« oder »als Lotse von Bord gehen«.

Wieso wir heute vom viel kleineren Boot und nicht mehr vom Schiff sprechen? Noch in den »Adagia« des Erasmus ist die Bezeichnung »Schiff« und die Beziehung zum Staat eindeutig. Vielleicht ist das Englische und der bedeutende Philosoph Roger Bacon schuld, der vor gut 400 Jahren erst schrieb: *You are in the same shippe*, später aber *We're in the same boat*. Dank seiner Berühmtheit verbreitete sich die Redensart in dieser Form im Englischen und gelangte dann auch ins Französische, wo man bald *bateau* oder *barque* sagte. Die Wörter bezeichneten sowohl kleinere Wasserfahrzeuge als auch größere, also Kähne, Schiffe und sogar Dampfer.

Mit dem Absinken der Redensart aus der Sphäre von Philosophie und Politik in die des Alltags verkleinerte sich das Wasserfahrzeug. Damit änderte sich auch die Bedeutung, und die Redensart konnte auch unabhängig vom politischen Diskurs verwendet werden. Die Bedrohlichkeit der gleichen Lage wurde durch das Bild eines eher kleinen Bootes sogar noch größer. Seine klassische Basis und seine einleuchtende Bildlichkeit machten die Redensart überaus beliebt und führten zu zahlreichen Varianten und ähnlich gebauten Ausdrücken wie Kaschubisch »in einem Karren fahren« oder Schwyzerdütsch *im gliche Spital chrank sii*. Selbst in asiatischen Sprachen wie Mongolisch, Chinesisch, Vietnamesisch, Koreanisch und Japanisch finden sich Übernahmen.

Sprachen, die diese Redensart kennen: Baskisch, Bosnisch, Bretonisch, Bulgarisch, Dänisch, Deutsch, Englisch, Estnisch, Färöisch, Finnisch, Französisch, Galizisch, Griechisch, Holländisch, Isländisch, Italienisch, Katalanisch, Kroatisch, Ladinisch, Lettisch, Litauisch, Luxemburgisch, Maltesisch, Mazedonisch, Niederdeutsch, Norwegisch, Okzitanisch, Polnisch, Portugiesisch, Provenzalisch, Rätoromanisch, Rumänisch, Russisch, Schottisch, Schwedisch, Schwyzerdütsch, Serbisch, Slowakisch, Slowenisch, Sorbisch, Spanisch, Tschechisch, Ukrainisch, Ungarisch (im selben Boot rudern), Venezianisch, Walisisch, Weißrussisch, Westfriesisch.

Ein wandelndes Lexikon oder Wörterbuch sein / eine wandelnde Bücherei sein

erstaunlich umfassendes Wissen haben, sehr intelligent sein, störend viel wissen

Hinter der mal ehrenden, mal spöttischen Redensart steckt eine gar nicht kleine Tragödie. In der Spätantike nämlich lobte der Gelehrte Eunapios von Sardes in seinem Werk über berühmte Philosophen einen besonders: Cassius Longinus. Den bezeichnete er als eine »beseelte Bibliothek und ein wandelndes Museum«. Dabei muss man sich unter

»Museum« vor allem einen Ort der Forschung und des Studierens vorstellen. Dieses Lob überlebte die Zeiten zwar bis heute, doch von den zahlreichen Werken des Cassius Longinus blieben lediglich Fragmente übrig.

Die eindrucksvolle Redensart der Ehrerbietung zitierten viele schon in der Zeit der Entstehung und noch lange danach, wobei sie sich verkürzte und leicht veränderte. Das »beseelte« wurde immer wieder zu »lebendige« und das »wandelnde« wanderte vom »Museum« zur Bibliothek, die oft zum Nachschlagewerk wurde. So sprechen die Luxemburger von *en Dictionnaire op zwee Been*, also einem »Nachschlagewerk auf zwei Beinen«, die Italiener von *un dizionario ambulante*, also einem »gehenden Nachschlagewerk«, die Katalanen noch kürzer von *ésser una enciclopèdia*, »eine Enzyklopädie sein«.

Sprachen, die diese Redensart kennen: Albanisch, Bulgarisch, Dänisch, Deutsch, Estnisch, Finnisch, Französisch, Griechisch, Holländisch, Isländisch, Italienisch, Jiddisch, Katalanisch, Kroatisch, Lettisch, Litauisch, Luxemburgisch, Maltesisch, Norwegisch, Polnisch, Rumänisch, Russisch, Schwedisch, Serbisch, Slowakisch, Slowenisch, Spanisch, Tschechisch, Ukrainisch (wandelndes Nachschlagewerk, Enzyklopädie, Lexikon), Ungarisch.

Die Wände haben Ohren.

1. Hinweis darauf, generell vorsichtig zu sein, ehe man über Verfängliches spricht, weil man fast überall mit Lauschern zu rechnen habe, 2. konkrete Aufforderung, nicht zu sprechen, indem man auf die Abhörmöglichkeit von Räumen hinweist

Mythen, Dramen und Erzählungen der Antike handeln davon, dass belauschte Gespräche oder das Ausplaudern von Geheimnissen gewaltige, meist negative Folgen haben. In der Midas-Sage verraten sogar Binsen ein Geheimnis, das in ein Erdloch gesprochen wurde. Ähnliches ist im Alten Testament zu lesen.

Dass nicht einmal die eigene Behausung als Hort der Sicherheit gelten kann, schreibt der Politiker und Rhetor Cicero in der gefährlichen Bürgerkriegszeit des 1. Jahrhunderts v. Chr. in einem Brief (Familiares 4, 14, 3): »Nichts innerhalb meiner Wände ist geschützt.« Und im 4. Jahrhundert liest man bei Ammianus Marcellinus über die extrem große

Gefahr, bespitzelt zu werden: »Sogar die Wände, die einzigen Mitwisser der Geheimnisse, wurden gefürchtet.« Damit ist man schon sehr nah am Sprichwort, aber die Ohren muss man sich noch hinzudenken. Der bislang älteste Beleg stammt aus dem 6. Jahrhundert und zwar aus einem hebräischen Kommentar zum 3. Buch Mose »Leviticus Rabbah« oder »Vayikrah Rabbah«, in dem es heißt: »Sage nichts, das nicht gehört werden soll, denn am Ende wird es gehört werden.« Im Kommentar steht mit Bezug auf jüdische Gelehrte: »Sprich nicht (einmal) zwischen deinen Wänden, denn die Wände haben Ohren.« Und dann verweist der Kommentar noch auf eine Stelle im Buch »Prediger«, wo es (10, 20) heißt: »Fluche dem König auch nicht in Gedanken und fluche dem Reichen nicht in deiner Schlafkammer; denn die Vögel des Himmels tragen die Stimme fort, und die Fittiche haben, sagen's weiter.«

Für die Verbreitung in Europa wichtig war dann die lateinische Version *parietes habent aures* (»Wände haben Ohren«), die 1552 der französische Mathematiker und Theologe Charles de Bovelle formulierte. Ob er die Wendung erfand, ob er sie aus den erwähnten jüdischen Quellen übernahm? Er war jedenfalls mit hebräischen Schriften vertraut und disputierte mit jüdischen Gelehrten. Gut möglich also, dass die hebräische Version *oznayim la'kotel* der Ursprung der Wendung ist. Dazu passt die Erklärung im umfangreichsten deutschen Sprichwörterlexikon von Karl F. W. Wander, dass es sich um ein »rabbinisches Sprichwort« handele.

Die in sonst soliden Nachschlagewerken zu findende Erklärung, Katharina von Medici habe in der Zeit um die sogenannte Bartholomäusnacht im Louvre Horchkanäle in die Wände einbauen lassen, ist damit hinfällig, denn die fand 20 Jahre nach der Fixierung der lateinischen Version Bovelles statt. Dass die oft erzählten Geschichten darüber und die französische Formulierung *les murs ont des oreilles* viel zur weiteren Verbreitung beitrugen, steht freilich außer Frage.

Um die Mahnung, Geheimnisse unbedingt für sich zu behalten, noch zu verstärken, erweiterten viele Sprachen das lakonische Sprichwort um jeweils ein weiteres Element, so 1610 schon das Deutsche: »Das Feld hat Augen und die Wände Ohren.«

Sprachen, die dieses Sprichwort kennen: Albanisch (dort auch »die Erde«), Baskisch (»die Wand hat Augen, der Busch hat Ohren«), Bulgarisch (auch mit Erweiterung »... der Zaun hat Augen«, Dänisch, Deutsch, Englisch, Estnisch (auch mit Erweiterung »die Wand hat Augen, die Ecke / der Ofen hat Ohren«), Finnisch, Französisch, Griechisch, Holländisch, Irisch (Zäune), Italienisch (auch *le siepi non hanno occhi, ma hanno orecchi* = »die Hecken haben keine Augen, aber sie haben Ohren«), Jiddisch, Katalanisch (auch mit Erweiterung »der Busch hat Augen und die Wände haben Ohren«), Lettisch, Litauisch, Maltesisch, Norwegisch, Polnisch, Portugiesisch, Provonzalisch, Rätoromanisch, Rumänisch (erweitert »... und die Straßen haben Augen«), Russisch, Serbisch, Slowakisch, Slowenisch, Spanisch (weitere Varianten), Schwedisch, Schottisch (Zäune), Schwyzerdütsch *(D Heg hei alli Ohre, und d Feister alli Auge),* Tschechisch, Ukrainisch, Ungarisch, Walisisch (Erweiterung »... und Hecken haben Augen«), Weißrussisch.

Verbreitung auch wörtlich und in vielen Varianten im Chinesischen, Japanischen, Persischen.

Weitere Redensarten, die auf antike Wissenschaftler und Weise zurückgehen:

- Erkenne dich selbst.
- Ich weiß, dass ich nichts weiß.
- wie vom Erdboden / von der Erde verschluckt/verschlungen
- Himmel und Erde in Bewegung setzen
- der goldene Mittelweg
- die ungeschriebenen Gesetze
- jemandes bessere Hälfte sein
- gegen den Strom schwimmen
- Wolf im Schafspelz
- für jemanden durchs Feuer gehen
- für jemanden die Hand ins Feuer legen
- sich die Haare ausraufen
- in den Staub / ins Gras beißen
- jemandem Sand/Staub in die Augen werfen/streuen
- jemanden an der Nase herumführen
- in jemandes Fußstapfen treten
- seine Ohren spitzen
- keiner Fliege etwas zuleide tun können
- nur Haut und Knochen sein
- jemandes rechter Arm / rechte Hand sein
- ein Herz aus Stein haben
- jemandes Herz brechen
- in seinem Element sein
- jemandes zweite Natur sein
- seinen Kopf in den Sand stecken / Vogel-Strauß-Politik

In der lateinischen Form gebräuchliche Redensarten (Auswahl):

ab initio, ab ovo, ad absurdum (führen)
ad fontes
ad libitum
ad astra
ad hoc
ad infinitum
advocatus diaboli (spätlateinisch)
alter ego
ars longa – vita brevis
beati possidentes
carpe diem
coram publico
deus ex machina
eo ipso
errare humanum est
et ceterea
ex oriente lux
ex post
festina lente
genius loci
hic et nunc
hic Rhodus – hic salta
horror vacui

in medias res
in nuce
in spe
in statu nascendi
in summa
in vino veritas
lapus linguae
memento mori
modus vivendi
morituri te salutant
nota bene
panem et circenses
persona non grata
primus inter pares
quod erat demonstrandum
si vis pacem para bellum
sic semper tyrannis
sine ira et studio
tabula rasa
tempus fugit
vae victis
vox populi – vox dei

Im Zweifel für den Angeklagten

Das antike Recht als Quelle sprichwörtlicher Redensarten in Europa

Nicht nur Prozesse können schier ewig dauern, das Recht selbst hat eine entschiedene Tendenz zur Langlebigkeit, wie man an zweieinhalbtausend Jahre alten Vorschriften sehen kann, die weiterhin gelten und gar nicht selten sprichwörtlich wurden. Ein Beispiel gefällig? *Audiatur et altera pars.* Übersetzt: »Es sei auch die andere Seite zu hören!« Das erscheint uns selbstverständlich bei einem Streitfall, war es aber in Zeiten streng hierarchisch geordneter Gesellschaften nicht, in denen die höhere Stellung eines Kontrahenten seinen Prozessgegner zur Nichtbeachtung und Stummheit verdammte.

Ob es an den spannenden Geschichten rund um antikes Recht liegt, dass es zu einer so reichen Quelle sprichwörtlicher Redewendungen wurde? Oder an der Genialität antiker Gesetze, die ja bis heute in Gesetzessammlungen begegnen? Daran, dass man überhaupt die Antike über viele Jahrhunderte als das Maß aller Dinge nahm? Oder daran, dass man damals Gesetze dauerhaft fixierte, in Stein meißelte, in Erz eingrub, auf Pergament schrieb? Alles zusammen macht wohl erst den Erfolg aus.

Gesetzgebung bedeutet gleichzeitig, eine Basis für eine Gemeinschaft zu schaffen. Oft stehen sagenhafte Figuren am Beginn solcher Kodifikationsprozesse: Hammurapi in Babylon, Drakon und Solon im antiken Athen und natürlich Mose aus dem Alten Testament. Etwas Heiliges, über den Menschen Stehendes verbinden viele damals mit Recht und Gerechtigkeit, den Gesetzen, die oft eng mit dem jeweiligen Kultus verbunden sind. Das Sakrale im Recht hat sich bis heute erhalten, wie man schon an der Feierlichkeit des Akts der Rechtsprechung und der besonderen Kleidung so gut wie aller Richter, Staatsanwälte, Verteidiger weltweit erkennen kann.

Und weil es für jede und jeden lebenswichtig war, sich auf allgemein anerkannte Regeln verlassen zu können, weil jeder und jede persönlich

Das antike Recht als Quelle

eine Geschichte zu Recht und Gesetz erzählen konnte, wanderten besonders bedeutende Vorschriften in besonders klarer Sprache aus der Hochsphäre der Justiz in den Alltag ein, beispielsweise als gereimte Merksätze und Sprichwörter.

Das Recht des alten Rom hatte im gesamten Römischen Reich Geltung, das sich in seinen Hochzeiten von England im Westen bis Armenien im Osten erstreckte. Seine Grundlagen finden sich im »Zwölftafelgesetz«, das etwa 450 v. Chr. entstand. Es entwickelte sich immer weiter, bis es nach der Zeitenwende in umfangreicher Form praktisch alle Streitfälle privater und öffentlicher Natur zu regeln in der Lage war. Im 6. Jahrhundert sorgte Kaiser Justinian dafür, es aus den verschiedensten Quellen in möglichst vollständiger und zugleich zeitgemäßer Form zu einem Gesamtrecht zu vereinen. Dabei entstand, was man seit dem Humanismus als »Corpus Iuris Civilis« bezeichnet und seine

Wirkung vereinzelt noch sehr lange nach seiner Veröffentlichung 529/533 besaß. Ab dem Hochmittelalter bildete es europaweit die gültige Basis für Verfassungen und Rechtsordnungen – bis ins 19. Jahrhundert hinein. Das betraf die Herrschaftsgebiete unterschiedlich stark und früh. Im Heiligen Römischen Reich, also dem Herrschaftsgebiet der deutschen Könige und Kaiser, übernahm man beispielsweise antike römische Rechtsgrundsätze weitgehend erst im 16. Jahrhundert, in Italien, Frankreich und Spanien geschah das Jahrhunderte früher. Viele Bestimmungen des »Corpus Iuris Civilis« sind noch heute Bestandteil der Gesetzbücher und Prozessordnungen Europas.

Da die grundlegende Gesetzsammlung lateinisch war, sprach man vor Gericht lange Zeit auch Lateinisch und zitierte noch Jahrhunderte Rechtsgrundsätze in dieser Sprache. Das erklärt, warum selbst im bürgerlichen, ja bäuerlichen Alltag sprichwörtliche Rechtsregeln in lateinischer Sprache verwendet werden, beispielsweise: *In dubio pro reo*. Das heißt wörtlich: »Im Zweifel für den Angeklagten.«

Manche sprichwörtliche Redensart reicht erstaunlicherweise sogar ins Griechische zurück und in mythische Zeiten, wie gleich der erste Fall belegt.

Drakonische Maßnahmen

besonders strenge, schmerzhafte Maßnahmen, die Gesetzgeber, aber auch Ausbilder, Lehrer, Firmenleitungen ergreifen

Hinter dieser europaweit verbreiteten Redewendung steckt der sagenhafte Athener Drakon, der im 7. Jahrhundert v. Chr. gelebt haben könnte. Über ihn weiß man trotz seiner Sprichwörtlichkeit erstaunlich wenig. Immerhin gibt es eine steinerne Stele aus dem späten 5. Jahrhundert n. Chr. mit einem Rest seiner Gesetze: Es geht dabei um Tötungsdelikte.

Der deutlich späteren Überlieferung nach war Drakon, was »Schlange« bedeutet und dann auch »Drache«, ein kluger und geschätzter Mann. Die Athener wählten ihn, wie die antike Stele ja belegt, zu ihrem Gesetzgeber. Er soll auch Vater einer Verfassung gewesen sein, was jedoch von Historikern stark bezweifelt wird. Seine Leistung habe vor allem darin bestanden, das bisherige, nur mündlich überlieferte Gewohnheitsrecht in ein schriftlich fixiertes überführt zu haben.

Drakons Gesetze sollen den Quellen nach im späten 5. Jahrhundert v. Chr. verändert worden sein – bis auf die über Tötungsdelikte. Vielleicht begann dadurch die verengte Sicht auf ihn als einem überaus strengen Gesetzgeber, da er von nun an immer mit Verbrechen wie Mord oder Totschlag und dem Todesurteil dafür in Verbindung stand. Dies könnte der Grund für die Legende von den drakonischen Strafen sein.

Aristoteles erwähnt jedenfalls im 4. Jahrhundert v. Chr. – sehr lakonisch – die Härte der drakonischen Gesetze. In dieser Zeit soll auch der Politiker und Rhetor Demades geäußert haben, Drakons Gesetze seien in Blut geschrieben. Das freilich wissen wir nur von Plutarch, der es fast 400 Jahre später aufschrieb.

Damals, in der römischen Antike, hatten Anwälte vor Gericht die drakonischen Strafen längst als wirkungsvollen Gemeinplatz für ihre Reden erkannt. Und so erfand man immer mehr Details über die Härte Drakons. Dazu gehörte die Behauptung, er habe selbst für kleine Verfehlungen die Todesstrafe festgesetzt, so zum Beispiel für den Diebstahl eines Kohlkopfes.

Die häufige Verwendung seines Namens und seiner Gesetze machten die Drakonischen Gesetze schon im Römischen Reich sprichwörtlich für hartes, ja überhartes Durchgreifen. Sie sind es bis heute geblieben. Nur wurden aus den »Gesetzen« durchweg »Maßnahmen«, »Strafen« u. Ä.

Sprachen, die diese Redensart kennen: Bulgarisch, Dänisch, Deutsch, Englisch, Französisch, Griechisch, Holländisch, Italienisch, Lettisch, Luxemburgisch, Polnisch, Portugiesisch, Rumänisch, Russisch, Schwedisch, Slowakisch, Slowenisch, Spanisch, Tschechisch, Ungarisch, Weißrussisch.

Ein Scherbengericht abhalten/veranstalten/sein

jemanden ausschalten, mit jemandem hart ins Gericht gehen, ein oberflächliches Urteil einer großen Menge sein

Ein antiker Volksgerichtshof steckt hinter der Redensart, die sehr unterschiedliche Bedeutungen haben kann. Im 5. Jahrhundert v. Chr. kamen in griechischen Stadtstaaten, besonders in Athen, Volksversammlungen zusammen und stimmten darüber ab, ob eine Abstimmung über die Verbannung von Bürgern stattfinden solle oder nicht. Stimmte eine

Mehrheit dafür, dann wurde ein *ostrakophoria* angesetzt, wörtlich übersetzt »Scherbentragen«. *Ostrakon* heißt in diesem Fall »Tonscherbe«. Beim Scherbentragen konnte jeder Teilnehmer der Volksversammlung den Namen irgendeines Bürgers, der ihm missfiel, auf eine Scherbe eines Tonkrugs oder einer Tonschale einritzen und in eine Wahlurne werfen. Wer nicht selbst schreiben konnte, kaufte Scherben mit dem gewünschten Namen darauf oder ließ sich eine schreiben. Am Ende wertete man die Namen und die Anzahl der Scherben aus.

In Athen mussten mindestens 6000 Stimmen zusammenkommen, damit ein Bürger zu einer zehn Jahre dauernden Verbannung verurteilt wurde. In dieser Zeit durfte er den Stadtstaat bei Todesstrafe nicht betreten. Der Besitz und die Ehre des Verbannten blieben unangetastet. Eine irgendwie geartete Schuld musste man ihm nicht nachweisen. Es konnte genügen, dass ihn viele für einen großmäuligen Philosophen hielten oder einen widerlichen Anwalt oder einen ärgerlich reichen Kaufmann. Natürlich traf es vor allem politisch exponierte Leute. Und ebenso natürlich versuchte man, durch Aufwiegelung der Menge Konkurrenten und Gegner mit Hilfe so eines Prozesses loszuwerden. *Ostrakizein* hieß denn auch »jemanden durch diesen Wahlvorgang mittels Scherben verbannen«. Die positive Funktion eines Scherbengerichts darf aber nicht vergessen werden: Wurde eine Person zu mächtig und bestand damit die Gefahr, sie könnte sich zu einer Art Tyrann entwickeln, konnte man sie auf diese Weise sehr einfach, friedlich und wirksam kaltstellen.

Komödien, aber auch philosophische Schriften wie die »Politik« des Aristoteles beschrieben die Scherbengerichte mal neutral, mal als eine kluge, mal als eine populistische und schlechte Maßnahme. Genau deshalb entwickelte sich auch eine Fülle von Bedeutungen, die von »ausgrenzen« und »Boykott« über »nicht beachten« und »verstoßen« bis hin zu »mit jemandem hart ins Gericht gehen« und »dummes Verdammungsurteil einer Menge« gehen können und damit noch nicht annähernd vollständig beschrieben sind. Im Italienischen kann *dare l'ostracismo* »etwas anprangern« bedeuten. Forscher schreiben sogar vom sogenannten *cyberostracism*. Der liege vor, werde jemand von der Kommunikation im Internet durch Gruppen oder Einzelne ausgeschlossen. Gerade Whistleblower treffe eine solche Strafe der Isolation und Nichtbeachtung, die weit über das Internet hinausgehe – ganz ohne Scherben. Durchweg schwingt in der heutigen Verwendung etwas Negatives, Kritisches mit, weil man in späteren Zeiten das Scherbengericht vornehmlich als eine populistische, ungerechte Art von Urteil beurteilte.

Die meisten Sprachen übernahmen den Ausdruck übrigens als Fremdwort, so im Französischen, wo man von *ostracisme* spricht oder im Tschechischen von *ostrakismus*. Im Niederländischen *(schervengericht)* und Deutschen (»Scherbengericht«, seit Johann Gottfried Herder) übersetzte man es dagegen.

Sprachen, die diese Redensart kennen: Deutsch, Holländisch (in die Nationalsprache übersetzt), Baskisch, Bulgarisch, Dänisch, Englisch, Französisch, Italienisch, Norwegisch, Portugiesisch, Schwedisch, Spanisch, Russisch, Ukrainisch, Weißrussisch (Fremdwort).

In flagranti (erwischt werden)

auf frischer Tat, besonders während einer sexuellen Untreue, erwischt werden.

Die Redensart gehört zu einer ganzen Reihe römischer Rechtsausdrücke, die in der Originalsprache den Sprung in den Alltagswortschatz vieler Länder gefunden haben. Das hängt sicher auch mit der Dramatik der Situation zusammen, die sie beschreibt – egal, ob ein Verbrecher bei Mord, Raub, Betrug oder ob ein Paar beim Sex erwischt wird. Ab und zu hört man auch in der Sprache der Diplomaten von »flagranten Verstößen gegen das Recht«.

Der Ausdruck steht in der schon erwähnten Gesetzessammlung Kaiser Justinians aus dem 6. Jahrhundert, dem »Codex Iustinianus«. Es geht dabei um ein – wörtlich übersetzt – »brennendes« oder »glühendes Verbrechen«. So heißt es beispielsweise *in ipsa rapina et adhuc flagrante crimine comprehensi* (9, 13,1), also »die bei diesem Raub und bei brennendem Verbrechen Ertappten«.

Es gibt Vermutungen, dass sich der seltsame Ausdruck einer ursprünglich sehr starken Verbindung mit Sexualdelikten, vor allem dem Ehebruch verdankte, schließlich hat der ja im besten Fall mit einer Art Liebesglut zu tun. Allerdings ist *flagrans*, »brennend«, auch in anderen Situationen in der Bedeutung »akut« oder »im Moment« üblich. Immer wieder verbindet die Antike – wie übrigens wir auch – das Frische mit dem Heißen, das nicht mehr Frische mit dem Erkalteten. Man muss nur an die aus Tausenden Krimis bekannte Formel der »kalten Spur« denken oder an Kinderspiele wie »Blinde Kuh« mit ihren Rufen »heiß!« und »kalt!«

In den europäischen Sprachen verwendet man die Redensart in unterschiedlichen lateinischen Formen. Im Deutschen besonders kurz mit *in flagranti*, im Englischen heißt es dagegen meist *in flagrante delicto*, im Portugiesischen, Spanischen und Slowenischen ebenfalls *em/en flagrante delito/delicto*. Nicht immer hat sie sich so weit vom juristischen Sprachgebrauch entfernt wie bei uns, aber sehr oft. Krimis spielen dabei sicher eine Rolle. In einigen Ländern wie Deutschland erlaubt übrigens der Umstand des »in flagranti«, des »Ertappens auf frischer Tat«, jedermann, die Tatpersonen vorläufig festzunehmen.

Sprachen, die diese Redensart kennen: Deutsch, Englisch, Französisch, Italienisch, Lettisch, Maltesisch, Portugiesisch, Rumänisch, Slowenisch, Spanisch, Tschechisch; als juristischer Fachausdruck: Estnisch, Litauisch, Slowakisch.

Suum cuique.
Jeder soll das ihm Zustehende bekommen.

In der lateinischen Form und als juristische Formel kennen weltweit viele und in Europa alle Sprachen dieses Kurzsprichwort. Oft gelangte es in den Alltagsgebrauch zumindest der Gebildeten. Immer wieder übersetzte man es auch in die Nationalsprachen. So heißt es im Italienischen *a ognuno/ciascuno il suo*, im Polnischen *co kto lubi*, im Englischen *each to his own* und in einer historisch schwer belasteten Form im Deutschen »Jedem das Seine«.

Es handelt sich ursprünglich um einen Rechtsgrundsatz, den schon Platons »Politeia« im frühen 4. Jahrhundert v. Chr. aufführt. Gerechtigkeit bedeute, dass jeder das ihm Zustehende erhalte. Damit meint Platon vor allem, dass Gerechtigkeit herrsche, solange sich jeder um das Seine kümmere, frei nach dem modernen Spruch: »Wenn jeder auf sich schaut, ist auf alle geschaut.« Diesen Gedanken kommentierte man schon kurz nach der Veröffentlichung kritisch. Im römischen Recht bezog sich der Grundsatz einerseits auf Steuer-, Straf- und Zuteilungsgerechtigkeit, andererseits auf eine verbindliche Trennung zwischen privaten Eigentumsverhältnissen und öffentlichen. Für die weite Verbreitung sorgten dann Zitate Ciceros und die Aufnahme des Rechtssatzes in den »Codex Iuris Civilis«, wo es heißt: *Iusititia est constans et perpetua voluntas ius suum cuique tribuendi* (»Die Gerechtigkeit ist der beständige und dauerhafte Wille, jedem das seinige Recht zuzuteilen«).

In diesem Sinn ging die Formel – freilich mit vielerlei Differenzierungen – in ganz Europa in die jeweiligen Rechtsordnungen ein. Nicht umsonst wählten juristische Fakultäten in Schottland, Schweden (Lund, Upasala), Polen und sogar Brasilien (Bahia) sie als Motto.

Besonders in Deutschland machte *suum cuique* und »jedem das Seine« früh und entschieden Karriere. Im 16. Jahrhundert verwendeten viele Gelehrte hierzulande die Redensart, darunter der Reformator Martin Luther. 1701 schmückte man in Preußen den »Hohen Orden vom Schwarzen Adler« mit »Suum cuique« in goldenen Großbuchstaben, prägte sie aber zuvor schon auf Münzen. Johann Sebastian Bach komponierte 1715 eine Kirchenkantate mit dem Titel »Nur jedem das Seine«, welche die Trennung von irdischen Ansprüchen des Staates und des himmlischen Gottes zum Thema hat – ganz im Sinne von »Gebt dem Kaiser, was des Kaisers ist, und Gott, was Gottes ist«. Auch in der Literatur spielte die Formel – inhaltlich oder als Titel – immer wieder eine Rolle, und zwar immer positiv, als eine Regel für Gerechtigkeit oder sogar als Ansporn zu hoher Leistung, die dann auch hohen Lohn bedeuten werde.

Es gab daneben parodistische Erweiterungen wie in Carl Zuckmayers Drama »Der Hauptmann von Köpenick« (1931), wo der lateinische Spruch im Berliner Idiom entlarvend egoistisch übersetzt wird: »Ik hab 'n preißischen Wahlspruch: suhm kwickwe ... det heißt uff deitsch: jedem det Seine, mir det mehrste.« Das ist ein später Beleg für eine sicher längst übliche ironische Verwendung, beispielsweise bei der Verabreichung von Strafen aller Art, gerade auch in der Kindererziehung, um sie als gerecht und verdient zu klassifizieren.

Das leitet über zum Gebrauch von »JEDEM DAS SEINE« am Tor des Konzentrationslagers Buchenwald, von innen und außen weit lesbar. Man verstand und versteht es durchweg als zynischen Kommentar, der den Häftlingen vermitteln sollte, sie seien hier, weil sie es verdienten. In der Forschung gibt es noch viele weitere Interpretationen, doch für die öffentliche Rezeption blieb diese die einzig wirksame. Wer »Jedem das Seine« verwendete, sah sich nach dem Zweiten Weltkrieg zunehmend

Kritik ausgesetzt, er verwende Nazi-Sprache und verhöhne die etwa 56 000 Toten des KZs. Mehrere Werbekampagnen griffen im 21. Jahrhundert das Sprichwort gleichwohl auf und lösten damit öffentliche Proteste aus. Die Angegriffenen verteidigten sich vereinzelt damit, das Sprichwort sei wertvoll, traditionsreich und zumindest in der lateinischen Form auch in vielen deutschen Gerichtsgebäuden zu lesen, zogen letztlich aber unter Entschuldigungen die Werbung zurück. Sollte man ein kluges Sprichwort also den Nazis opfern? Meiner Meinung nach kann man es heute wieder im Alltag je nach Situation und erst recht in der lateinischen Form durchaus gebrauchen.

Sprachen, die diese Redensart kennen: Überprüft für: Dänisch, Deutsch, Englisch, Griechisch, Holländisch, Italienisch, Polnisch, Rumänisch, Russisch, Schwedisch, Schwyzerdütsch, Slowakisch, Slowenisch, Ukrainisch, Ungarisch.

Schweigen bedeutet Zustimmung. / Wer schweigt, scheint zuzustimmen. (Qui tacet consentire videtur.)

Die Bedeutung ist klar, die Tragweite wird aber erst deutlich, wenn man weiß, dass es sich um einen antiken Rechtsgrundsatz handelt. Schon im alten Griechenland und Rom galt, dass diejenigen, die eine Anklage schweigend hinnahmen, ihre Schuld eingestanden. Das betraf irdische wie göttliche Streitfälle. In den »Trachinierinnen« des Sophokles heißt es denn auch: »Begreifst du nicht, dass du durch dein Schweigen dem Ankläger beipflichtest?« Ähnlich liest man es in der »Orestie« des Euripides, bei Terenz, Cicero und bei Seneca, in dessen »Controversiae«, einer Sammlung von Rechtsfällen, steht: »aber Schweigen erscheint als Geständnis« *(sed silentium videtur confessio)*.

So gelangte das Sprichwort in die weltliche Gerichtssprache, im 13. Jahrhundert dann auch ins kanonische Recht, wo es als Grundsatz des Papstes Bonifatius VIII. lautet: *Qui tacet consentire videtur.*

Über die Humanisten und vor allem die Pädagogik drang das Sprichwort in viel freierer Bedeutung in immer mehr Bereiche ein, wurde ironisch eingesetzt, mal in Latein, mal in der jeweiligen Nationalsprache wie zum Beispiel im Französischen: *le silence vaut pour consentement.* Im Persischen lautet der Satz übrigens gleich, in Sanskrit und im Japanischen recht ähnlich: »Schweigen ist halbe/teilweise Zustimmung.«

Das antike Recht als Quelle

Sprachen, die dieses Sprichwort kennen: Bulgarisch, Dänisch, Deutsch, Englisch, Estnisch, Französisch, Friesisch, Griechisch, Holländisch, Irisch, Italienisch, Katalanisch, Lettisch, Litauisch, Maltesisch, Polnisch, Portugiesisch, Rätoromanisch, Rumänisch, Russisch, Serbisch, Slowakisch, Slowenisch, Schwedisch, Schottisch, Spanisch, Tschechisch, Ukrainisch, Ungarisch, Walisisch.

Weitere verbreitete sprichwörtliche Redensarten aus dem antiken Recht

corpus delicti

pro bono

de iure

ignorantia legis non excusat

in absentia

in effigie

mutatis mutandis

nulla poena sine lege

pacta sunt servanda

quid pro quo

status quo ante

vice versa

Eine Schwalbe macht noch keinen Löwenanteil

Antike Fabeln und ihre Nachfolger als Quelle sprichwörtlicher Redensarten in Europa

Jede Kultur liebt Fabeln. Das sind meist kurze, lehrreiche, oft dazu heitere Geschichten, in denen Tiere, zuweilen auch Dinge, sprechen und sich ähnlich wie Menschen verhalten oder unterhalten. Man kann mit ihnen so angenehm indirekt Wahrheiten sagen, obwohl die Übertragung des Erzählten auf die Gesellschaft meist naheliegt. Ärgert sich jemand, behauptet man, es sei ja nur eine lustige Tiergeschichte, versteht jemand den übertragenen Sinn, umso besser. Man kann sich Fabeln zudem sehr gut merken und rasch erzählen, weshalb sie sich in Schulen bis heute auf der ganzen Welt größter Beliebtheit erfreuen. In vielen Fabelsammlungen kommen übrigens außer den Tiergeschichten auch solche mit Göttern oder Menschen vor. Da sie fast immer mit einer kurzen Moral schließen, die einem Sprichwort ähnelt, sind sie mit dieser Gattung verwandt.

Europäern fällt dabei in der Regel ein Name ein: Äsop. Der griechische Autor soll im 6. Jahrhundert

v. Chr. seine Fabeln verfasst haben, die sich zum Teil wesentlich älteren Geschichten aus dem alten Indien oder Sumer verdanken. Die Originale der Äsop-Fabeln gingen durchweg schon in der Antike verloren, doch zahllose Bearbeitungen sorgten für ein sehr erfolgreiches Weiterleben, so vor allem die des Phaedrus auf Latein, die kurz nach der Zeitenwende entstand, die Jean de La Fontaines im 17. Jahrhundert auf Französisch und die Gotthold Ephraim Lessings oder Christian Fürchtegott Gellerts im 18. Jahrhundert auf Deutsch.

Weil Fabeln durch den Schul- und Rhetorikunterricht seit je unglaublich bekannt sind, eignen sie sich exzellent dazu, Redensarten und Sprichwörter daraus zu formen. Es genügte, eine zentrale Konstellation zu erwähnen oder einen Kernsatz zu zitieren, um eine ganze Geschichte inklusive Moral heraufzubeschwören. *Sour grapes* ist das berühmteste und zugleich wohl kürzeste Beispiel dafür. Die Redensart beschreibt in nur zwei Worten, dass jemand etwas, das er gern haben möchte, aber nicht erreichen kann, schlechtmacht. Warum man dazu »saure Trauben« sagt, versteht nur, wer die entsprechende Äsop-Fabel kennt. Darin versucht ein Fuchs, im Original übrigens eine Füchsin, in einem Weinberg an die Trauben zu gelangen, doch trotz hoher Sprünge gelingt es nicht. Also sagt er sich: »Ich dachte, diese Trauben seien reif, aber nun sehe ich, dass sie recht sauer sind.« Und noch 2500 Jahre später erlebt man oft ein ähnliches Verhalten bei Männern und Frauen, das nichts so treffend beschreibt wie *sour grapes* – in 36 europäischen Sprachen übrigens.

Wie Märchen und Sagen verbreiteten sich auch Fabeln spätestens im 19. Jahrhundert weit über Europa hinaus, weshalb man den aus ihnen entstandenen sprichwörtlichen Redensarten auch in asiatischen oder afrikanischen Sprachen begegnet.

Eine Schwalbe macht noch keinen Sommer oder Frühling.

Freu dich nicht zu früh! Oder: Ein einzelnes, kleines Anzeichen ist noch keine Gewähr dafür, dass etwas Erwünschtes eintreten wird.

Das bekannte Sprichwort versteht man durchaus auch ohne seinen fabelhaften Hintergrund, doch wenn man ihn kennt, wird seine Lehre wesentlich klarer.

Äsop erzählt von einem jungen Mann, der sein Erbe den Winter über durchbringt. Am Ende bleibt ihm nur ein schöner Mantel. Als er eine Schwalbe erblickt, sieht er sie als untrügliches Zeichen für den Sommer an, verkauft seinen Mantel und verprasst das Geld. Am nächsten Morgen sieht er Schnee liegen und darin die Schwalbe – tot.

Die pädagogische Aussage der Fabel warnt also vor Verschwendungs- und Vergnügungssucht und ermuntert zu Vorsicht und Sparsamkeit. Das Sprichwort dagegen empfiehlt, man solle einzelne Vorzeichen nicht überinterpretieren.

Warum es in manchen Sprachen nicht »Sommer« wie in der Vorlage, sondern »Frühling« heißt? Im Französischen sagt man: *Une hirondelle ne fait pas le printemps.* Ein sehr ähnliches römisches Sprichwort sorgte wohl für diese Abweichung: *Unus flos non facit ver.* Also: »Eine Blume macht keinen Frühling.« In manchen Sprachen gibt es auch beide Varianten, so im Englischen oder Polnischen.

Weitere Varianten entstanden womöglich aus Lust an der Abwechslung oder weil andere Vögel stärker mit den wärmeren Jahreszeiten in Verbindung gebracht wurden. In Frankreich ersetzt zuweilen *le rossignol*, also die Nachtigall, die Schwalbe, wobei das hauptsächlich fürs frankophone Kanada gilt, ältere deutsche Varianten erwähnen die Lerche, im Bulgarischen oder Englischen kommt auch der Kuckuck vor. Immer wieder einmal erweitert man das Sprichwort durch den Winter, der nicht von einer einzelnen Krähe, einem einzigen Windstoß (Bretonisch) oder Storch (Holland) sicher angekündigt wird. In Deutschland sagte man: »Eine Lerche, die singt, noch keinen Sommer bringt; doch rufen Kuckuck und Nachtigall, so ist es Sommer überall.« In Schweden differenziert man in einer schönen Variante zwischen den Zugvögeln und ihren Ankunftszeiten: »Eine Schwalbe macht noch keinen Sommer, aber eine Lerche tut es.«

Sprachen, die dieses Sprichwort kennen: a) Variante mit Sommer: Albanisch, Dänisch, Deutsch, Englisch, Estnisch, Finnisch (auch Fliege), Friesisch, Griechisch (auch Kuckuck/Mai), Holländisch, Irisch, Isländisch, Italienisch, Jiddisch, Karelisch, Katalanisch, Lettisch, Norwegisch, Polnisch, Portugiesisch, Romanes, Rumänisch, Schottisch (Singdrossel), Schwedisch, Slowenisch, Spanisch, Ungarisch, **b)** Varianten mit Frühling: Albanisch, Bulgarisch, Englisch, Estnisch (auch Sperling), Französisch, Italienisch, Kroatisch, Litauisch, Mazedonisch, Polnisch, Provenzalisch, Rätoromanisch, Rumänisch, Russisch, Serbisch, Slowakisch, Slowenisch, Tschechisch, Ukrainisch, Ungarisch, Walisisch, Weißrussisch.

Den Löwenanteil bekommen / eine Löwengesellschaft sein

das bei Weitem meiste bekommen / eine Gesellschaft mit Risiko für alle und Gewinn für nur einen

Wieder steckt Äsop hinter der Redensart, diesmal sogar mit zwei ähnlichen Geschichten. Es reicht, die eine zu erwähnen: Ein Löwe, ein Esel und eine Füchsin gehen gemeinsam auf die Jagd und sind erfolgreich. Der Löwe befiehlt dem Esel, die Beute zu teilen. Der tut es ganz gerecht und bittet den Löwen, sich einen Teil auszuwählen. Wütend frisst der Löwe den Esel auf und befiehlt der Füchsin zu teilen. Die schiebt fast alles dem Löwen zu und behält nur eine Kleinigkeit für sich. Als der Löwe fragt, wer sie so weise zu teilen gelehrt habe, antwortet die Füchsin: »Das Schicksal des Esels.« In der zweiten Geschichte erhält der Löwe sogar die gesamte Beute.

Sogar die römischen Rechtsbücher beziehen sich sprichwörtlich auf die Quintessenz der Geschichten. Dort wird ein Vertrag, bei dem alle Beteiligten das Risiko tragen, die Vorteile aber nur ein Gesellschafter genießt, als *leonina societas* bezeichnet, als »Löwengesellschaft« also. Dieser juristische Terminus gelangte ins europäische Recht. Während so ein Vertrag im alten Rom nichtig war, ist er in Deutschland und Österreich heute kraft Vertragsfreiheit grundsätzlich zulässig – im Gegensatz zu Italien und Polen. Die *leonina societas* erwähnt und erklärt auch Erasmus von Rotterdam in seinen »Adagia« (297, 89) als ein höchst ungerecht Rechte und Pflichten verteilendes Bündnis. Gleichwohl setzte sich in den Umgangssprachen die Formulierung »jemand bekommt den Löwenanteil« durch.

Solange die Geschichte präsent war, verstand man darunter immer, dass jemand ungerechtfertigt das meiste bekommt oder es sich unverschämterweise sichert. Seit sie weitgehend in Vergessenheit geraten ist, bedeutet die Redensart einfach »das bei Weitem meiste bekommen«, etwa im Italienischen, wenn vom *parte del leone* die Rede ist, oder im Griechischen, wo es heißt: *merída tu léontos*. Bis ins Arabische, Kirgisische und Japanische reiste die Redensart übrigens.

Sprachen, die diese Redensart kennen: Albanisch, Baskisch, Bosnisch, Bulgarisch, Dänisch, Deutsch, Estnisch, Finnisch, Französisch, Galizisch, Griechisch, Holländisch, Italienisch, Katalanisch, Kroatisch, Lettisch, Litauisch, Maltesisch, Mazedonisch, Niederdeutsch,

Okzitanisch, Polnisch, Portugiesisch, Provenzalisch, Russisch, Sardinisch, Schwedisch, Serbisch, Sorbisch, Slowenisch, Spanisch, Ukrainisch, Ungarisch (ausschließlich auf den Hauptteil der Arbeit bezogen), Weißrussisch.

Sich mit fremden oder geliehenen Federn schmücken, mit geliehenen Federn herumstolzieren

Verdienste anderer als die eigenen ausgeben (und sich damit brüsten)

Manch einer denkt bei dieser Redensart sicher an die Modewelt, da sich in vielen Epochen Männer wie Frauen mit Straußen-, Paradiesvogel- oder Pfauenfedern schmückten. Doch in Wirklichkeit geht sie auf die Äsop-Geschichte »Die Dohle und die Vögel« zurück, die in unterschiedlichen Varianten immer wieder neu erzählt wurde. In der Urform beruft Zeus eine Versammlung der Vögel ein, um unter ihnen einen König auszuwählen. Die Dohle weiß, dass sie hässlich ist, sammelt deshalb zur Aufhübschung herabgefallene Federn anderer Vögel und heftet sie sich an. Bunt schillernd erscheint sie auf der Vogelvollversammlung vor dem obersten Gott. Begeistert vom Glanz des Gefieders will Zeus sie inthronisieren, doch die anderen Vögel erkennen den Betrug und reißen der Dohle die fremden Federn aus, die nun doppelt bloßgestellt ist.

Eigentlich ist damit die Redensart genug erklärt, doch gibt es wieder einige wirkungsreiche Varianten. In einer findet die Dohle Pfauenfedern und mischt sich unter diese der Göttin Hera geweihten Vögel; sie wird erkannt und gerupft. Diese Fassung ist wahrscheinlich von einer weiteren Äsop-Fabel beeinflusst, in der ein Pfau mit der Schönheit seiner Federn prahlt; die Dohle entgegnet klug, dass sie mit ihren unscheinbaren aber fliegen könne.

Die Redensarten unterscheiden sich in den Sprachen darin, dass sie entweder den Federndiebstahl betonen, so im Polnischen mit *stroić sie w cudze piórka* oder das angeberische Herumstolzieren mit fremden Federn, so im Holländischen *met andermans veren pronken*.

Sprachen, die diese Redensart kennen: a) sich mit gestohlenen/geliehenen Federn schmücken/kleiden/erscheinen: Bosnisch, Bulgarisch, Dänisch, Deutsch, Estnisch, Färöisch, Finnisch, Französisch, Griechisch (auch Lorbeer, statt Federn), Isländisch, Jiddisch, Kroatisch, Lettisch, Luxemburgisch, Makedonisch, Niederdeutsch, Norwegisch, Polnisch, Provenzalisch, Serbisch, Slowenisch, Spanisch, Ungarisch, Westfriesisch **b)** mit fremden Federn glänzen/prunken: Holländisch, Lettisch, Russisch, Schwedisch, Slowakisch, Sorbisch, Tschechisch, Westfriesisch **c)** mit fremden/geliehenen Federn herumgehen/herumstolzieren: Holländisch **d)** mit Pfauenfedern herumstolzieren bzw. sich schmücken: Italienisch, Portugiesisch.

Die Gans oder das Huhn, die bzw. das goldene Eier legt, töten

aus Gier, Ungeduld oder Dummheit sich um eine sichere, wenngleich nicht reich machende Quelle des Einkommens oder des Wohllebens bringen

Man kennt die Werbungen mit Hühnern oder Gänsen, die goldene Eier legen; nicht selten zielen sie auf Sparer, die mit wunderbaren Aussichten auf Gewinn gelockt werden. In anderen Zusammenhängen kann das fabelhafte Tier für Reichtum, Verführung, Sicherheit und vieles andere stehen.

So einem Wunderwesen begegnet man zuerst bei Äsop: Ein Mann bekommt als Dank für seine außergewöhnliche Verehrung des Gottes Hermes von diesem eine Gans geschenkt, die goldene Eier legt. Ein Reichtum in kleinen, täglichen Portionen reicht ihm freilich nicht. Weil er denkt, das ganze Innere der Gans sei aus Gold, schlachtet er sie. Sie besteht aber nur aus Fleisch. Durch seine Gier hat er sich um sein tägliches Goldei gebracht.

Gut zweitausend Jahre später veröffentlichte der überaus erfolgreiche Fabeldichter Jean de La Fontaine eine kurze, gereimte Variante der Geschichte, in der ein Huhn, das goldene Eier legt, von einem Geizigen ebenso dämlich getötet wird. Seinetwegen hört man in den sprichwörtlichen Redewendungen der europäischen Sprachen nur noch selten von der Gans. Die Änderung fand wohl auch schlicht deshalb größten Anklang, weil die üblichen Eierlegerinnen Hühner sind. So wurden sie eben fast überall sprichwörtlich wie in Holland *de kip met de gouden eieren slachten* oder *matar la gallina de los huevos d'oro* in Spanien.

Die Moral der Fabel, lieber peu à peu kleinen Gewinn zu erzielen, als großen unbedacht und plötzlich zu erzwingen, passte ideal in das bürgerlich-bäuerliche Denken aller Zeiten. Schließlich gibt es unzählige Varianten des sehr alten Sprichworts: »Man kann die Kuh oft melken, aber nur einmal schlachten.«

Sprachen, die diese Redensart kennen: a) Gans/Gänse: Englisch, Griechisch, Isländisch, Schwedisch **b)** Huhn: Bulgarisch, Dänisch, Deutsch, Englisch, Finnisch, Französisch, Holländisch, Italienisch, Katalanisch, Kaschubisch, Lettisch, Makedonisch, Norwegisch, Polnisch, Portugiesisch, Rumänisch, Russisch, Schwedisch, Serbisch, Slowakisch, Slowenisch, Spanisch, Ukrainisch, Ungarisch, Weißrussisch, Westfriesisch **c)** Vogel: Tschechisch.

Die Kastanien aus dem Feuer holen

für jemanden anderen unangenehme oder gefährliche Aufgaben übernehmen; risikoreiche Dienste, die man jemandem gutwillig leistet

Die vielleicht im Orient entstandene Geschichte dahinter ließ anfangs nur eine negative Deutung zu, erst recht in den französischen Versionen des 16. Jahrhunderts, die viele andere und auch Bilddarstellungen beeinflussten.

Ein Affe und eine Katze sehen Kastanien in der Glut liegen, äßen sie gern, wollen sich aber nicht die Pfoten verbrennen. In den ältesten Versionen nimmt der Affe die Katze zur Brust, hält deren Vorderbeine fest und bedient sich ihrer als Werkzeuge, um die Kastanien aus der Glut zu schnippen, ganz schmerzfrei – für den Affen. So heißt es auch im Italienischen der gleichen Zeit sprichwörtlich: *fare come la nostra cimia, che levava le castagne dal fuoco con la zampa del gatto*, also »handeln wie unser Affe, der die Kastanien aus dem Feuer hob mit der Pfote der Katze«.

In anderen Varianten – so in der berühmten und vielfach übersetzten von La Fontaine – schmeichelt der Affe Bertrand dem Kater Raton so lange, bis der – stolz und dumm zugleich – die Kastanien aus dem Feuer holt, die der Affe gleich frisst, ehe sie beide von der Magd vertrieben werden. In verkürzter Form heißt es auch im Englischen *to be made a cat's paw* (»zu einer Katzenpfote gemacht werden«) oder auch nur »eine Katzenpfote sein«, was ohne die Kenntnis der zugehörigen Fabel unverständlich ist.

Die moralische Botschaft aller Varianten ist ähnlich: Mächtige wollen sich nicht die Finger verbrennen und schicken in unangenehmer Lage lieber andere. In der Übersetzung der La-Fontaine-Fabel Theodor Etzels heißt es:

»So sind es meistens auch die Prinzen,
Die, stolz des Amts, wozu man sie ernannt,
Für einen König sich in den Provinzen
Die Finger haben arg verbrannt.«

Beim Eingang der Redensart in den allgemeinen Sprachgebrauch erweiterte sich die Bedeutung auch ins Positive. In schwieriger, heikler oder gefährlicher Situation sagt man durchaus: »Da werde ich dann mal die Kastanien aus dem Feuer holen« und fühlt sich wie John McClane in »Stirb langsam«. Natürlich kann man vermuten, dass auch die Wendung »sich die Pfoten/Finger verbrennen« mit der Fabel in Verbindung steht, allerdings gibt es noch weitere Geschichten, etwa die von Mucius Scaevola oder über Gottesurteile, die deren Entstehung beeinflusst haben könnten – von alltäglichen Erfahrungen in Zeiten, da offenes Feuer für die Speisenbereitung üblich war, ganz zu schweigen.

Sprachen, die diese Redensart kennen: Albanisch, Bosnisch, Bulgarisch (auch aus der Glut), Dänisch, Deutsch, Englisch, Estnisch, Französisch, Galizisch, Griechisch, Holländisch, Italienisch, Katalanisch, Kroatisch, Lettisch, Litauisch (Kohlen statt Kastanien), Luxemburgisch, Mazedonisch (aus der Glut), Niederdeutsch, Norwegisch, Okzitanisch, Polnisch, Romanes, Rumänisch, Russisch, Sardinisch, Schwedisch, Schwyzerdütsch, Serbisch, Slowakisch, Slowenisch (aus der Glut), Spanisch, Tschechisch, Ukrainisch, Ungarisch, Venezianisch, Weißrussisch (Feuer schüren mit jemandes Händen), Westfriesisch.

Weitere Redensarten, die sich Fabeln und Fabeldichtern verdanken

sich in die Höhle des Löwen wagen
der Katze eine Glocke umhängen
ein Wolf im Schafspelz sein
»Wolf« schreien
nach jemandes Pfeife/Melodie tanzen
eine Schlange am Busen nähren
im Trüben fischen

jemandem einen Bärendienst erweisen
kein Wässerchen trüben können
eine Milchmädchenrechnung / über verschüttete Milch weinen
wie Hund und Katz sein
Katz und Maus mit jemandem spielen
arm wie eine Kirchenmaus sein

Die Siebenmeilenstiefel, der Krug und die rollenden Steine

Märchenredensarten und mittelalterliche Sprichwortweisheiten in Europa

Hinter vielen Sprichwörtern steckt eine Geschichte. Und in vielen Märchen liest man Sätze, die wie Sprichwörter klingen, Ausdrücke, die wie Redensarten anmuten – und nicht wenige werden auch im Alltag als solche verwendet. Nehmen wir nur den Anfangssatz »Es war einmal«, der sich längst verselbstständigt hat, ebenso wie der andere Anfang »als das Wünschen noch geholfen hat«, englisch *when wishing still helped*. Allein in den »Kinder- und Hausmärchen« der Brüder Grimm zählten Wolfgang Mieder und Lutz Röhrich über 400 sprichwörtliche Redensarten, die teils mehrfach verwendet werden.

Die weltberühmte Märchensammlung »Tausendundeine Nacht«, die über das Französische nach Europa kam, wurde schon mit ihrem Titel sprichwörtlich. Wenn etwas prächtig, exotisch, zauberhaft wird, lobt man es mit den Worten »wie ein Märchen aus Tausendundeiner Nacht«. Ähnlich einflussreich waren die Märchen Giovanni Basiles im »Pentamerone«, Charles Perraults und die der Brüder Grimm. Eine Fast-Food-Kette in Deutschland nennt sich »Hans im Glück«. Zaubersprüche und zentrale Sätze aus Märchen kennt man heute weltweit und verwendet sie wie Sprichwörter, egal ob es »sieben auf einen Streich« heißt oder »Ich bin schon da!«.

Spätestens seit der Romantik prägen Märchen die Welt von Erwachsenen, für die sie durchweg zuerst aufgeschrieben oder erdacht wurden, später zunehmend auch von Kindern und Jugendlichen. Die Begeisterung dafür schlug sich in sehr erfolgreichen Sammlungen nieder, die in kaum einem bürgerlichen Haushalt Europas fehlen durften. Einfachere Schichten begegneten ihnen zuerst im Schulunterricht, wo sie sehr oft Mittel der Wahl waren, um zu erziehen und zu erfreuen.

Das traf nicht nur auf Märchen zu, sondern auch auf Sprichwörter, die Werte und Wahrheiten in gut einprägsamer Form vermitteln konnten. Dass sie teils antike Weisheiten vermittelten, hat auch damit zu tun, dass sich manches im Alltag der Bauern und einfachen Leute über 2000 Jahre nicht so stark veränderte. Pferde und Ochsen unterstützten die Feldarbeit wie auch das Reisen und Transportieren, Wasserholen vom Brunnen war Frauensache und Schmiede schlugen das Eisen, solange es heiß war. Um 1800 setzte mit der Industrialisierung und der Einführung einer allgemeinen Schulpflicht eine umstürzende Veränderung ein, die dazu beitrug, das Überkommene aus alten Zeiten anders zu sehen, romantisierend. Das betraf Märchen wie Sprichwörter gleichersmaßen, die mit ihrer aus der Welt gefallenen Art einen neuen Reiz für die moderne Gesellschaft entwickeln.

Einem geschenkten Gaul schaut man nicht ins Maul.

Geschenktes sollte nicht kritisiert, sondern dankbar angenommen werden.

Es fällt nicht leicht, all die Bedeutungsnuancen zu beschreiben, die in der alltäglichen Verwendung des Sprichworts mitschwingen. Mal ruft man jemanden zur Ordnung, der undankbar mäkelig wirkt, aber auch vielleicht unangemessen unzufrieden. Gar nicht selten diszipliniert man sich selbst damit oder muntert sich auf, eher nach dem Motto: »Ein Spatz in der Hand ist besser als die Taube auf dem Dach« – übrigens ebenfalls ein außerordentlich verbreitetes europäisches Sprichwort, dessen Varianten auch von Vögeln in viel größerer Anzahl im Busch oder in der Luft als unsicherer Alternative sprechen.

Gut möglich, dass die schier unglaubliche Menge an Bedeutungen, die hier nur angedeutet wurde, zur genauso unglaublichen Langlebigkeit beitrugen. Die älteste schriftliche Überlieferung stammt aus dem 5. Jahrhundert. Der Kirchenvater Hieronymus zitiert das Sprichwort in seiner Einführung zum Brief des Paulus an die Epheser und zwar im Zusammenhang mit Kritik an seiner Übersetzung aus dem Griechischen ins Lateinische: »Ich übersetze das Griechische nicht korrekt ins Lateinische? Dann lies entweder die Griechen, wenn du die Kenntnis ihrer Sprache hast, oder wenn Du nur ein Lateinsprecher bist, beklage dich nicht über ein großzügig gegebenes Geschenk und, wie ein gebräuchliches Sprichwort sagt, inspiziere nicht eines geschenkten Gauls Zähne.« Wenn Hieronymus von einem *vulgare proverbium*, also einem »allgemein gebräuchlichen Sprichwort« schreibt, ist klar, dass es weit älter ist.

Spätestens durch seine ausführliche Kommentierung in den »Adagia« des Erasmus von Rotterdam, der sich als Übersetzer genauso undankbarer Kritik ausgesetzt sah, verbreiteten sich lateinische und nationalsprachliche Formen des Sprichworts.

In manchen Varianten erkennt man den eigentlichen Hintergrund eindeutig, so in einer lateinischen: *Si tibi do mannos, numeres ne dentibus annos.* »Wenn ich dir *mannos* (spezielle Pferdchen) gebe, zähle nicht an den Zähnen die Jahre.« In der Tat untersuchen ja die Pferdehändler seit je die Zähne der Tiere, um am Zustand und der Stellung Alter und Gesundheit abzulesen. Was auf dem Pferdemarkt selbstverständlich ist, erscheint bei einem Geschenk als undankbar kritisch und gilt damit als unerhörtes Verhalten.

In Europa verwendet man zuweilen auch den Esel statt des Pferdes im Sprichwort und das Zaumzeug oder Hufeisen statt Maul oder Zähnen.

Sprachen, die dieses Sprichwort kennen: Albanisch, Bulgarisch (auch Esel und Hufeisen), Deutsch, Englisch, Estnisch, Finnisch, Französisch, Friesisch, Griechisch (auch Esel), Holländisch, Irisch, Isländisch, Italienisch, Katalanisch, Kroatisch, Lettisch, Litauisch, Maltesisch, Norwegisch, Polnisch, Portugiesisch, Provenzalisch, Rätoromanisch, Rumänisch, Russisch, Schottisch, Schwedisch, Serbisch, Slowakisch, Slowenisch, Spanisch, Tschechisch, Ukrainisch, Ungarisch, Walisisch, Weißrussisch.

Sesam, öffne dich!

Ausruf bei dem – auch vergeblichen – Versuch, etwas zu öffnen oder ein Hindernis zu überwinden, eine Lösung zu finden

Der Satz stammt aus dem recht komplexen und nicht kurzen Märchen »Ali Baba und die vierzig Räuber« aus »Tausendundeiner Nacht«. Lange Zeit gehörte es zu den beliebtesten der Sammlung, doch im kollektiven Gedächtnis blieb kaum mehr übrig als »Sesam, öffne dich!« und vielleicht noch die ungefähre Situation, in der dieser Zauberspruch zum Öffnen eines Berges gesagt wird. Wieso ein Berg »Sesam« heißt? Wirklich nach dem Sesamsaatkorn? Geht es um einen witzigen Kontrast zwischen winzig und ganz groß? Steckt das hebräische Wort *sem* für »Name« verdoppelt darin, das sich auf Gott bezieht? Es gib noch eine

Reihe weiterer Theorien, doch keine allgemein anerkannte. So bleibt es ein märchenhaftes Geheimnis.

Bedeutsam ist, dass die Zauberformel »Sesam, öffne dich!« im Märchen mehrfach begegnet. Sie bewirkt nicht nur, dass sich der Berg öffnet und der Sprecher an den verborgenen Schatz gelangt, sie bringt auch tödliche Gefahr. So stirbt der Bruder des Titelhelden in der Berghöhle Sesams, und Ali Baba selbst gerät durch das erlauschte Geheimwort mehrfach in Lebensgefahr, aus der ihn seine kluge Dienerin rettet.

Das Motiv eines Berges, der sich auf Befehl öffnet, kommt auch in anderen Ländern und Märchen vor, etwa in Island, Grönland, China, dem Zulu-Gebiet und Tahiti. In Deutschland denkt man vor allem an den Simeliberg der Brüder Grimm, an den Hörselberg des Tannhäusers, und Tolkienleser erinnern sich an Erebor, den Einsamen Berg, und seine Türe im »Hobbit« oder an Morias Eingang im »Herrn der Ringe«, die durch »Ali Baba« beeinflusst wurden. Im sprichwörtlichen Gebrauch dient das geflügelte Wort oft der verbalen Begleitung irgendwelcher Öffnungs- oder Lösungsversuche. Im Englischen entwickelte sich darüber hinaus mit *it's an open sesame to something* die Bedeutung, dass etwas ein Erfolg versprechender Weg ist, etwas zu erreichen. Meistens übersetzt man die Wörter einfach in die Nationalsprache, so norwegisch *Sesam, lukk deg opp!* oder französisch *Sésame, ouvre-toi!*

Sprachen, die diese Redensart kennen: Albanisch, Bosnisch, Bulgarisch, Dänisch, Deutsch, Englisch, Estnisch, Finnisch, Französisch, Griechisch, Holländisch, Isländisch, Italienisch, Katalanisch, Kroatisch, Lettisch, Litauisch, Mazedonisch, Norwegisch, Polnisch, Portugiesisch, Rumänisch, Russisch, Schwedisch, Serbisch, Slowakisch, Slowenisch, Spanisch, Tschechisch, Ukrainisch, Ungarisch, Weißrussisch, Westfriesisch.

Ein rollender Stein setzt kein Moos an.

Wer rastet, der rostet! Unruhe ist schädlich.

Ein seltsames Phänomen ist hier zu beobachten. Das Sprichwort selbst veraltet zusehends, während ein Teil daraus immer berühmter wurde und als Redensart durchaus gebräuchlich ist. Das fordert einen doppelten Rückblick in die nahe und die ferne Vergangenheit.

Seit 1962 tourt die wohl berühmteste Rockband der Welt. Und so prangen ihre Mitglieder immer noch mit gewisser Regelmäßigkeit auf dem Cover des Magazins »Rolling Stone«. Ach ja, es ist von der Band »The Rolling Stones« die Rede.

Wer brachte wohl die berühmtesten Steine der Welt ins Rollen? Bob Dylans Evergreen »Like a rolling stone« kommt einem in den Sinn oder der Soul-Klassiker »Papa was a rolling stone«, der die »Temptations« auf die Spitzenposition der US-Charts brachte. Aber Dylan komponierte seinen Song 1965, und die »Temptations« sangen erst 1972 vom rollenden Stein. Der Gitarrist Brian Jones bezog sich bei der Namensfindung der englischen Band 1962 stattdessen auf eine Zeile des Muddy-Waters-Songs »Mannish Boy«, in der es heißt *I'm a rollin' stone*.

Der Bluesmeister wiederum spielte auf ein altes englisches Sprichwort an, das aus der Tiefe des Mittelalters herangerollt war und auf seiner Zeitreise ganz Europa durchquert hatte: *A rolling stone gathers no moss*. Lateinisch liest man es bereits in dem Werk »Fecunda Ratis« von Egbert von Lüttich aus dem Jahr 1023, der darin Schultexte, Fabeln und Sprichwörter sammelte. Etwa 500 Jahre später zitiert Erasmus von Rotterdams das Sprichwort in griechischer und lateinischer Sprache in seinen »Adagia«, und von hier aus verbreitete es sich über andere Gelehrte in die meisten europäischen Sprachen. Die Blues- und Rockmusik des 20. Jahrhunderts brachte dann zwar eine entschiedene Popularisierung mit sich, aber eben auch die Verkürzung auf *rolling stone*.

Anfangs herrschte die Bedeutung vor, dass Unstetigkeit schlecht sei. Erasmus vergleicht den rollenden Stein mit einer oft umgesetzten Pflanze, die keine Wurzeln ausbilden könne. Noch im 16. Jahrhundert erweiterte sich die Bedeutung freilich, indem die Bewegung als positiv, das Ansetzen von Moos als negativ gesehen wurde. Im Englischen steht *a rolling stone* gleichzeitig und sehr oft abwertend für unstete Typen, ruhelose Wanderer, ja Landstreicher. Genau solch fahrendes Volk stellte nun wieder ein anziehendes Rollenvorbild dar für die ewig tourenden »Rolling Stones«.

Damit sollte es endlich auch ein Ende haben mit der Behauptung, das Sprichwort sei eine japanische, chinesische oder arabische Weisheit. In diesen Kulturkreisen gebraucht man es durchaus, freilich als Import aus dem Griechischen, Lateinischen, Englischen.

Sprachen, die dieses Sprichwort kennen: Albanisch, Baskisch, Bretonisch, Bulgarisch, Dänisch, Deutsch, Englisch, Estnisch, Finnisch, Französisch, Friesisch, Griechisch, Holländisch, Irisch, Isländisch, Italienisch, Jiddisch, Katalanisch, Kroatisch, Lettisch, Litauisch, Maltesisch, Norwegisch, Polnisch, Portugiesisch, Provenzalisch, Rätoromanisch, Rumänisch, Russisch, Schottisch, Schwedisch, Serbisch, Slowakisch, Slowenisch, Spanisch, Tschechisch, Ukrainisch, Ungarisch, Walisisch, Weißrussisch.

Der Krug geht zum Brunnen, bis er bricht.

Fragwürdiges Tun scheitert einmal. Alles endet einmal. Unrecht erfährt irgendwann einmal doch seine Strafe.

Das Sprichwort gehört europaweit zu den bekanntesten überhaupt und ist vielseitig anzuwenden. Dazu muss man wissen, wie alltäglich der Gang zur Quelle, zum Fluss oder zum Brunnen in Europa noch bis ins 19., teils bis ins 20. Jahrhundert war. Schließlich gab es fast nirgends fließendes Wasser aus dem Hahn. Man musste also – wie in vielen Regionen der Erde noch heute – oft mehrfach am Tag Wasser in Krügen, Eimern oder Amphoren holen, um kochen, waschen, putzen zu können und natürlich auch als erfrischenden Trunk.

Es steckt aber noch viel mehr dahinter. Die symbolische Verbindung von Gefäßen mit der Frau ist sehr alt – man denke nur an die Bezeichnung der Vagina als *vas mulieris*, also »Gefäß der Frau«. Zudem war es vor allem die Aufgabe der Frauen und Mädchen, das Wasser zu holen. An den Wasserstellen tränkten aber auch Hirten ihr Vieh, und so gab es dort zwanglose Möglichkeiten für die Geschlechter, sich näherzukommen, als es die Eltern wohl gern hatten.

Das ist ein bedeutender Hintergrund des Sprichworts, das gerade als Ermahnung zur Vorsicht in Liebesdingen häufig verwendet wurde. Natürlich bezieht es sich nicht ausschließlich auf die »Beschädigung«

der »Jungfräulichkeit«, aber die Sexualität ist ein wichtiger Bereich, der auch die Bildlichkeit und das Warnende des Sprichworts erklärt. Im Allgemeinen lag natürlich auf der Hand, dass bei den Tausenden von Wasserhol-Gängen so ein zerbrechliches Ding wie ein Krug aus Ton beschädigt werden konnte. Nicht immer handelte es sich dabei um einen irreparablen Schaden. In manchen europäischen Sprachen heißt es lediglich »bis sein Henkel« oder »sein Hals bricht«, so im Jiddischen, wo der Henkel abbricht: *du krügel geht asoj lang nuch wasser, bis dus ojer bricht sich ub*. Manchmal verändert sich das Sprichwort auch stark, so im Albanischen, wo es heißt: *Katruvja nuk shkon gjithmonë në krua/kroje* (»Die Kanne geht nicht immer zur Quelle / zum Brunnen«). Und im Bulgarischen wird eine kleine Geschichte daraus: »Die Kanne geht einmal zum Wasser, die Kanne geht zweimal zum Wasser, bis die Kanne zerbricht und du ohne Wasser bist.«

Sprachen, die dieses Sprichwort kennen: (Albanisch), Bulgarisch, Bretonisch, Dänisch (ohne Henkel), Deutsch, Englisch, Estnisch, Finnisch, Französisch, Friesisch, Griechisch, Holländisch, Irisch, Isländisch, Italienisch, Jiddisch, Katalanisch, Kroatisch, Lettisch, Litauisch, Maltesisch, Norwegisch, Polnisch, Portugiesisch, Provenzalisch, Rätoromanisch, Romanes, Rumänisch, Russisch, Schottisch, Serbisch, Slowakisch, Slowenisch, Spanisch, Schwedisch, Tschechisch, Ukrainisch, Ungarisch, Weißrussisch.

Mit Siebenmeilenstiefeln

sehr schnell, mit erstaunlich raschem Fortschritt

Wir kennen sie alle, aber wenn wir sagen müssten, in welchem Märchen sie vorkommen, diese herrlichen Helfer des schnellen Fortkommens, müssten die meisten von uns wohl passen. Das liegt daran, dass sie als Wandermotive fröhlich und immer neu durch die Menschheitsgeschichte laufen.

Oft führt man die Siebenmeilenstiefel auf göttlichen Ursprung zurück, konkret auf Hermes. Der griechische Gott der Diebe und Händler versah seinen Dienst ja auch als Götterbote, wobei ihm seine beflügelten Schuhe und sein beflügelter Helm erlaubten, flugs jeden Ort zu erreichen.

Wenn bei Charles Perrault im Märchen »Der kleine Däumling« von 1697 der Oger, ein menschenähnlicher, riesenhafter Unhold, seine Siebenmeilenstiefel anzieht, dann könnte das durchaus eine schöne

Adaption des göttlichen Hermes und seiner Flughilfen sein. In Wilhelm Hauffs Märchen »Der kleine Muck« von 1826 erinnern die unerhörte Schnelligkeit erlaubenden Pantoffeln ebenfalls an das Schuhwerk des Götterboten. Es lassen sich noch Dutzende Varianten in Volks- und Kunstmärchens Europas finden, außerdem modernere Versionen wie Richard Halliburtons »The Seven League Boots« von 1935 oder Ernesto Pérez Zúñigas »Las botas de siete leguas y otras maneras de morir« von 2002. Oft erscheinen sie in der wörtlich genauen Bezeichnung »Siebenmeilenstiefel«, zuweilen in Varianten, aber fast immer geht es um Schuhe. Das macht die These vom Hermes-Flügelschuh-Ursprung recht wahrscheinlich, denkt man an die Popularität der griechischen Sagen, ihre sehr häufige Darstellung auf der Bühne, in Büchern und als Bildergeschichten. Viele Autoren wie Goethe, Heine und aktuell Jonathan Stroud in seinen »Bartimäus«-Bänden nahmen sie auch in ihre Werke auf oder zitierten sie, was ihre Sprichwörtlichkeit lebendig hielt.

Wie groß genau ein Schritt mit einem Siebenmeilenstiefel ist, lässt sich nicht sagen, schließlich gab es viele unterschiedliche Längen der Meile in Europa, und die Zahl Sieben besitzt hier eher eine symbolische Funktion der Intensivierung und Hervorhebung wie bei den sprichwörtlichen Sieben Meeren oder den sieben Sachen. Genauso wenig erklären die Märchen die Wirkungsweise der Stiefel oder auch nur die Tatsache, dass sie unterschiedlichen Leuten passen – es sind einfach märchenhafte Wunderwerke.

Sprachen, die die sprichwörtliche Redensart kennen: Albanisch, Bosnisch, Dänisch, Deutsch, Englisch, Estnisch, Finnisch, Französisch, Galizisch, Holländisch, Isländisch, Italienisch, Kroatisch, Lettisch, Litauisch, Makedonisch, Norwegisch, Portugiesisch, Provenzalisch, Romanes, Russisch, Schwedisch, Serbisch, Slowakisch, Spanisch, Tschechisch, Ukrainisch, Ungarisch, Weißrussisch.

Ein hässliches Entlein sein

verspottende Bezeichnung eines nicht hübschen jungen Mädchens

Meist nennt man einfach ein junges Mädchen, das dem geltenden Schönheitsideal nicht entspricht oder unansehnlich gekleidet ist, »hässliches Entlein«, aber da sehr viele das Kunstmärchen, aus dem die Wendung stammt, kennen, lassen sich zumindest auch positive Bedeutungen damit verbinden.

Als Hans Christian Andersen das Märchen 1844 veröffentlichte, fand es in seinem Heimatland Dänemark und bald weit darüber hinaus größte Verbreitung, ohne dass man ahnte, dass der Autor in einer Art Camouflage mit diesem Text auch sein eigenes unglückliches Dasein als Homosexueller und unerfüllt Liebender beschrieb.

»Das hässliche Entlein« erzählt von einer Entenmutter, die, ohne es zu wissen, zusammen mit ihren Eiern auch ein Schwanenei ausbrütet. Während die Mutter das ganz anders aussehende Junge akzeptiert, wird es vom Geflügel des Entenhofes als hässlich und missraten verspottet und misshandelt, sodass es flieht. Es folgen gefahrvolle Episoden, in denen das Tier immer wieder als hässlich bezeichnet wird und mehrfach gerade eben dem Tod entgeht. Im Frühjahr erblickt das deprimierte Tier, das sich nun selbst als pure Hässlichkeit empfindet, drei überirdisch schön erscheinende Schwäne auf einem Kanal und will sich von ihnen töten lassen. Doch als es sich ihnen nähert, begrüßen sie den Neuankömmling freundlich, der erst bei einem Blick in den Spiegel des Wassers bemerkt, dass es aus seinen gräulichen, hässlich wirkenden Federn zu einem Schwan erwachsen ist.

Das Märchen lasen sehr viele als eine Entwicklungs- und Trostgeschichte zugleich, die gerade auch im pädagogischen Zusammenhang häufig eingesetzt wurde, um Toleranz zu lehren, Frustrationstoleranz und vor allem, dass man über nichts vorschnell urteilen sollte. Wie lautet der letzte Satz des Märchens? »So viel Glück habe ich mir nicht träumen lassen, als ich noch das hässliche Entlein war.«

Die Redensart lässt sich dementsprechend sehr vielfältig einsetzen. Wegen der Berühmtheit des Märchens, das in zahllosen Versionen veröffentlicht, mehrfach als Hörspiel und Bühnenstück bearbeitet und verfilmt wurde, ist der Ausdruck »hässliches Entlein« als Titel in praktisch allen Sprachen präsent. Er könnte also auch überall sprichwörtlich verwendet werden, sicher in den folgenden Sprachen.

Sprachen, die diese Redensart kennen: Bulgarisch, Dänisch, Deutsch, Estnisch, Finnisch, Französisch, Griechisch, Holländisch, Italienisch, Katalanisch, Kroatisch, Lettisch, Litauisch, Mazedonisch, Norwegisch, Polnisch, Portugiesisch, Rumänisch, Russisch, Schwedisch, Slowakisch, Spanisch, Tschechisch, Ungarisch, Weißrussisch, Westfriesisch.

Märchenredensarten und mittelalterliche Sprichwortweisheiten

Einen Frosch küssen müssen. Man muss viele Frösche küssen, bevor man seinen Prinzen findet.

etwas Unangenehmes tun müssen, das unausweichlich ist bzw. sehr Gutes nach sich ziehen wird / Man muss vielerlei (Unangenehmes) ausprobieren, ehe man das Ideale findet.

Redensart und Sprichwort beziehen die meisten auf ein im Grunde recht altes Märchen, doch verbreiteten sie sich erst gegen Ende des letzten Jahrhunderts. In seiner spannenden Motivstudie »Der Froschkönig« weist Wolfgang Mieder mit Hunderten Belegen nach, wie es überhaupt zu dem Kussmotiv kam, das im berühmten Märchen der Brüder Grimm ja gar nicht erwähnt wird. Hier wirft die Prinzessin den Frosch an die Wand, der dadurch von seiner Verzauberung erlöst und wieder zum Prinzen wird.

In parallelen, in Deutschland mündlich überlieferten Versionen kam der Kuss zwar schon vor, aber im Gegensatz zu diesen so gut wie unbekannten Varianten verbreitete sich »Der Froschkönig« in der Grimm-Version mit dem Wandwurf weltweit. Auch in englischen und amerikanischen Übersetzungen bleibt in der Regel die rabiate Verwandlungsweise stehen. Kein Kuss für den Frosch.

Nun, Redensart und Sprichwort werden zwar immer auf den »Froschkönig« bezogen, sind aber gleichwohl unabhängig von ihm entstanden. Beide spielen auf die unangenehmen Erfahrungen beim Finden eines Partners an. Die Prinzessin im Märchen sucht allerdings gar keinen, ist vielmehr vollkommen überrascht von der Verwandlung, positiv zum Glück.

Ein Kuss-Verwandlungsmotiv kommt wirklich in vielen Märchen vor, beispielsweise in dem außerordentlich populären »Die Schöne und das Biest«. In vielen Sprachen gab es außerdem die Redensart »den Frosch / die Kröte schlucken müssen«. Das bedeutete, Nachteile oder unangenehme Begleiterscheinungen nolens volens hinnehmen zu müssen. Wahrscheinlich waren es dann amerikanische Feministinnen der 1960er-Jahre mit einem sehr kritischen Männerbild, die aus dem »Froschkönig«, dem Kuss-Verwandlungsmotiv und dem zu schluckenden Froschlurch das ironische Liebessprichwort erfanden: *You have to kiss a lot of toads (or frogs) before you find your handsome prince*. Der gut aussehende Prinz war zuvor schon sprichwörtlich als Liebes- und Eheideal in den USA.

In den 1970er-Jahren verbreiteten sich zuerst im englischsprachigen Raum und zehn Jahre später weltweit das Sprichwort und die daraus abgeleitete Redensarten vor allem über Werbung, sehr oft erotische Cartoons sowie Merchandisingprodukte aller Art. Im Portugiesischen etwa sagt man: *Às vezes você tem que beijar muitos sapos para encontrar o seu príncipe encantado!* (»Manchmal muss man viele Frösche küssen, um seinen verzauberten Prinzen zu treffen.«)

Faszinierend bleibt vor allem, wie die sprichwörtlichen Redensarten – aus einer Fülle alter Überlieferungen gespeist – erst spät im 20. Jahrhundert entstanden und dabei stets und falsch auf das Märchen »Der Froschkönig« bezogen werden. Durch Übersetzungen aus dem Englischen sind Redensart und Sprichwort in allen europäischen Sprachen bekannt, in den folgenden auch geläufig.

Sprachen, die diese Redensart und dieses Sprichwort kennen: Dänisch, Deutsch, Englisch, Estnisch, Finnisch, Französisch, Holländisch, Italienisch, Lettisch, Litauisch, Norwegisch, Polnisch, Portugiesisch, Rumänisch, Russisch, Schwedisch, Slowakisch, Slowenisch, Spanisch, Ukrainisch, Ungarisch, Weißrussisch.

Weitere Redensarten aus dem Bereich Märchen und sprichwörtliche Weisheiten:

wie ein/im Märchen sein

ein Ammenmärchen / eine Altweibergeschichte sein

ein Blaubart sein

ein fliegender Teppich sein

den Geist aus der Flasche lassen / den Geist wieder in die Flasche bringen müssen

ein Meisterdieb sein

wie ein Wettlauf zwischen Hase und Igel

Der letzte Mohikaner kämpft gegen Windmühlen

Literatur als Quelle sprichwörtlicher Redensarten in Europa

Literarische Werke erreichen noch immer einen Status, der einem Kult gleicht. Man denke nur an »Harry Potter« oder »Das Lied von Eis und Feuer«. Bereits seit der »Odyssee« entstehen aus literarischen Werken wegen der Bekanntheit ihres Titels, ihrer Handlung oder ihrer Figuren sprichwörtliche Redensarten in Europa. »Eine Odyssee hinter sich haben« gehört ja selbst schon dazu.

Dabei spielt es keine Rolle, ob es sich um Anekdoten handelt, Schwänke, Dramen, Romane oder Gedichte. Wichtig ist lediglich ihre Verbreitung und Popularität. Der Schulunterricht, die Universitäten, die Autoren und Medien, die sie immer neu erzählen, tragen dazu seit über zwei Jahrtausenden bei, in den letzten gut hundert Jahren dann auch noch die Überführung der Geschichten in Hörstücke oder Filme. Ein harmloser Satz über das Wetter wie *Winter is coming* wird so plötzlich zum geflügelten Wort und gewinnt eine neue, gewaltige Bedeutung als Erkennungszeichen von »Game of Thrones«-Fans, als witzig gemeinte Anspielung im Corona-Kampf bei Markus Söder 2020, als Drohung, als Aufforderung zur Vorsicht und und und.

Seit den Zeiten William Shakespeares, dessen Werke im internationalen Sprichwortschatz so häufig vertreten sind, dass sie ein eigenes Buch füllen könnten, bürgerten sich besonders viele Zitate oder zitathafte sprichwörtliche Redensarten ein, wobei deren Beliebtheit mit der zunehmenden Bedeutung des Bürgertums vor allem seit dem 18. Jahrhundert sprunghaft anstieg. In dieser Schicht spielte die Literatur eine fast schon sakrale Rolle. Ihre Lektüre diente der Ausbildung eines Menschen im vollgültigen Sinn, sie sollte ihn klug und empfindsam machen. Wer wichtige Werke der Weltliteratur und ihre Autoren nicht zumindest kannte, wirkte in diesen Zeiten ungebildet, ja oft sogar lächerlich.

Nicht umsonst entstanden spätestens im 19. Jahrhundert in vielen Ländern Sammelwerke voller Zitate und zitathafter Wendungen, deren Studium erlaubte, so zu tun, als habe man Shakespeare, Cervantes, Molière, Goethe oder Gogol gelesen. Man schmückt seitdem die eigene Rede mit fremden Federn – auf die Gefahr hin, bei genauerer Nachfrage bloßgestellt zu sein – jedenfalls in bestimmten Kreisen. Seltsamerweise stammen zahlreiche Zitate der Weltliteratur, die man auch »geflügelte Worte« nennt, gar nicht von den Autoren selbst, die sie oft nur aus anderen Quellen übernahmen, auf den Punkt brachten und populär machten.

Längst bestimmen andere Medien und Werke die Öffentlichkeit wesentlich stärker, und doch muss man kein Seher sein, um sprichwörtlichen Redensarten aus der Literatur ein noch langes Leben vorherzusagen.

Jemandem fliegen die gebratenen Tauben in den Mund. / jemand wartet, dass ihm die gebratenen Tauben in den Mund fliegen / Die gebratenen Tauben fliegen einem nicht in den Mund.

Jemand ist ein Glückspilz, der ohne eigene Leistung ein gutes Leben lebt. / jemand ist unerhört faul und oft dabei noch anspruchsvoll. / Wer gut leben will, muss sich anstrengen.

Die längste Zeit seiner Geschichte kämpfte der Mensch bis zur Erschöpfung ums tägliche Überleben. Lange Winter und regenlose Sommer, Gefahren durch Nahrungskonkurrenten tierischer oder menschlicher Art machten den Hunger zum quälend häufigen Gast.

Kein Wunder, dass Träume vom Überfluss an Essen und Freizeit entstanden, die sich in Erzählungen über märchenhafte Gebiete oder Epochen niederschlugen. Erstaunlich ist gleichwohl, wie alt das Motiv der Redensart ist, denn bereits im 5. Jahrhundert v. Chr. flattern einem im Werk des Dramatikers Pherekrates gebratene Wacholderdrosseln nah am Mund herum, die gut gewürzt sind und darum bitten, verspeist zu werden. Wer denkt da nicht an das Kalb aus »Das Restaurant am Ende des Universums«?

Sprichwörtlich blieben bis heute »das Goldene Zeitalter« der Antike und »das Schlaraffenland« des späten Mittelalters und der Renaissance.

Das positive Bild des Nichtstuns wirkte dabei gerade vor 500 Jahren besonders provokativ, als das Diktat der Uhren und der protestantischen Arbeitsethik die moderne Leistungsgesellschaft mehr als nur erahnen ließen.

In zahllosen Varianten beschrieben es bekannte Autoren wie Giovanni Boccaccio im »Decamerone« oder Hans Sachs im »Schlaweraffen Landt«, aber auch unbekannte Schriftsteller schrieben über Idealländer des Fressens und Faulenzens. Die hießen in Frankreich, Deutschland, Irland oder England u. a. »Cockaygne« wie in den »Kildare Poems« oder »Cucania«, so in den »Carmina Burana«; in Spanien gab es »Jauja«, in Schweden »Lubberland«. In Bearbeitungen kommen die Idealländer außerdem in Märchensammlungen vor, so bei Bechstein und den Grimms. Selbst Marco Ferreris bös satirischer Film »Das große Fressen« bezieht sich noch darauf.

In vielen Spielarten kommt in der europäischen Literatur verzehrfertiges Gratis-Essen vor, so die schon erwähnten gebratenen Vögel, die oft Tauben sind. Diese verführerische Vision schmeckte – wie das ganze Schlaraffenland – der bürgerlichen, bäuerlichen und kirchlichen Moral gar nicht. Kein Wunder, dass die Rede von den gebratenen Tauben im Gewand des Sprichworts etwas kritisch Ermahnendes bekommt, beispielsweise im Isländischen: *Ekki fljúga steiktar dúfur í munn* (»Die gebratenen Tauben fliegen einem nicht in den Mund«). Das ist eine klare Anweisung, fleißig zu sein, um sich solche Köstlichkeiten zu verdienen, und es ist ein Tadel, der alle Müßiggänger trifft, die gleichwohl auf Wohlleben wie im Schlaraffenland hoffen.

Ob als Redensart oder als Sprichwort eingesetzt, besitzt die Wendung also durchaus eine Ambivalenz. Je nach Spielart und Ton kann sie der Moralprediger wie der Tagträumer verwenden. Das machte sie sicher besonders beliebt.

Sprachen, die diese Redensart kennen: Die gebratenen Tauben fliegen einem nicht in den Mund / warten, dass einem die gebratenen Tauben in den Mund fliegen (Deutsch, Friesisch, Jiddisch, Kroatisch, Litauisch, Polnisch, Rumänisch, Russisch, Slowakisch, Ukrainisch, Ungarisch, Weißrussisch), Enten (Niederländisch), Gänse (Isländisch), Hühner (Albanisch, Slowenisch, Spanisch), Lerchen (Englisch, Französisch), Nudeln (Italienisch), Spatzen (Bulgarisch, Dänisch, Finnisch, Lettisch, Norwegisch, Schwedisch [auch Star]), Vogel (Schottisch), Tauben, Spatzen und allgemein Vögel (Tschechisch).

Mit einem lachenden und einem weinenden Auge

mit sehr gemischten Gefühlen; teils erfreut, teils betrübt sein; etwas halb zufrieden akzeptieren

Die schwierige, unklare, manchmal quälende und herzzerreißende Gefühlslage kennt jeder, und sie begleitet die Menschheit wohl seit sehr langer Zeit. In der »Ilias« des Homer liest man, dass Hektors Frau Andromache ihr Kind »unter Tränen lächelnd« umarmt. Wahrscheinlich gab es in vielen Ländern längst ähnliche Redensarten, als William Shakespeare in seinem Drama »Hamlet«, aus dem erstaunlich viele geflügelte Worte in die Welt flogen, den Ausdruck *with an auspicious and a dropping eye* prägte. Es ist der König, der es sagt, als er die Hochzeit mit der Witwe seines Bruders, der ermordet wurde, verkündet. Die Dramatik der Szene und die Heuchelei in dieser feierlichen Ansprache verliehen dem Zitat besondere Kraft und Bedeutung.

Zwar änderte sich selbst im Englischen ihr Wortlaut, wo man beispielsweise *with one smiling and one crying eye* sagt, doch blieb über Jahrhunderte der Bezug zu »Hamlet« und dieser Szene präsent, zumal es sich um das wohl meistgespielte Drama Shakespeares handelt. In manchen Sprachen existieren recht ähnliche Ausdrücke, bei denen schwer zu entscheiden ist, ob sie sich wirklich »Hamlet« verdanken, beispielsweise beim Fehlen wichtiger Wörter wie »Auge«.

Sprachen, die diese Redensart kennen: Albanisch (lachen mit Augen, weinen mit dem Herzen), Bretonisch (ohne Auge), Bulgarisch (ohne Auge), Dänisch, Deutsch, Estnisch, Französisch, Galizisch, Holländisch (ohne Auge), Kaschubisch (ohne Auge), Ladinisch, Lettisch, Luxemburgisch, Makedonisch (ohne Auge), Niederdeutsch, Okzitanisch, Polnisch (ohne Auge), Portugiesisch, Rätoromanisch, Rumänisch, Russisch (ohne Auge), Schwyzerdütsch, Slowakisch, Tschechisch, Ukrainisch (ohne Auge), Ungarisch, Weißrussisch (ohne Auge), Westfriesisch.

Gegen oder mit Windmühlen kämpfen

gegen eingebildete Gefahren kämpfen, einen sinnlosen Kampf ohne Aussicht auf Erfolg führen, unnötig kämpfen

Hinter der Redensart steckt der vielfach verfilmte, in Opern und Dramen überführte, häufig bearbeitete, aber im Original ungleich großartigere Roman »Der sinnreiche Junker Don Quijote von der Mancha«, dessen ersten Teil Miguel de Cervantes Saavedra 1605 veröffentlichte. Das Buch entwickelte sich rasch zu einem europäischen Erfolg. Es regte sogleich Nachahmer und Parodien an, und sein Titelheld selbst wurde bald in vielen Sprachen sprichwörtlich, wo leicht verrücktes Handeln gern als »Don-Quichotterie« oder »wie Don Quijote« und lächerliche Männer als »Ritter von der traurigen Gestalt«, einer der Beinamen des Helden, bezeichnet werden. Eine noch weitaus größere und bis heute andauernde Verbreitung erlangte die Windmühlen-Redensart, wiewohl die dahintersteckende Begebenheit im Roman nur eine kleine Rolle spielt.

Der Held des Romans ist ein einfacher kleiner Landedelmann, der sich so sehr der Lektüre von Ritterbüchern hingibt, dass er die fantastischen Abenteuer und Taten seiner Buch-Vorbilder für Wirklichkeit hält, ja schlimmer noch: er möchte die Handlungen seiner Helden nachahmen und übertreffen. Was er in der Folge auch sehen und erleben wird, er sieht es nur durch die Brille seiner Ritterbücher-Fantasie. Auf diese Weise wird aus einem simplen Rasierbecken beispielsweise sein Helm, und als er von ferne einige Windmühlen in der Ebene erblickt, hält er sie für Riesen, gegen die er kämpfen muss. Auf die Einwände seines Knappen Sancho Pansa hört er nicht. Don Quijote legt vielmehr seine Lanze ein und reitet auf einen der »Riesen« zu. Gleichzeitig kommt Wind auf und versetzt die Mühlenflügel in Bewegung. Als Don Quijote einen mit seiner Lanze trifft, zerbricht dieselbe, und die Mühle macht kurzen Prozess mit dem Angreifer: Sie reißt Ross und Reiter mit sich fort, sodass sie übel zugerichtet übers Feld kugeln. Im Spanischen entwickelte sich daraus die *Redensart luchar contra molinos de viento,* die sehr bald in Europa Fuß fasste.

Es gibt die unterschiedlichsten Ideen, warum gerade diese sehr kurze Szene zu Beginn, der im Roman noch viele ähnliche, mindestens ebenso eindrucksvolle folgen, so repräsentativ für »Don Quijote« überhaupt wurde. Zum einen handelt es sich um die erste dramatisch entlarvende Szene im Buch. Zum anderen sah vor allem die Romantik hier den Kampf des Traditionstreuen gegen die neue Technik und Maschinen versinnbildlicht. Außerdem reizte der Windmühlenkampf, finnisch *taistelun tuulimyllyjä vastaan,* ungezählte Künstler, ihn bildlich darzustellen, was der Popularität der Redensart besonders half.

Dass Don Quijote sich in einem *ritterlichen* Kampf gegen Riesen wähnt, ist nur noch im Englischen erkennbar, wo es *to tilt at windmills* heißt, denn das Verb stammt aus der Spezialsprache der Turniere, genauer des Tjost, und bezeichnet einmal die trennende Schranke zwischen zwei Gegnern, dann als Verb *to tilt* »lanzenreiten«. Doch selbst im Englischen setzt sich die einfache Form »kämpfen« zunehmend durch.

Sprachen, die diese Redensart kennen: Bosnisch, Bretonisch (stürmen), Bulgarisch, Dänisch, Deutsch, Englisch, Estnisch, Faröisch, Finnisch, Französisch, Galizisch, Griechisch, Holländisch, Isländisch, Italienisch, Jiddisch, Kaschubisch, Katalanisch, Kroatisch, Lettisch, Litauisch, Luxemburgisch, Maltesisch, Mazedonisch, Niederdeutsch (angehen), Norwegisch,

Okzitanisch, Polnisch, Portugiesisch, Rumänisch, Russisch, Schwedisch, Schwyzerdütsch, Serbisch, Slowakisch, Slowenisch, Sorbisch, Spanisch, Tschechisch, Ukrainisch, Ungarisch, Venezianisch, Walisisch, Weißrussisch, Westfriesisch.

Ein eingebildeter Kranker sein

ein Hypochonder oder Sensibelchen sein, verzärtelt, überempfindlich, wehleidig sein

Die Zuschauer waren am 17. Februar 1673 begeistert von der Schauspielkunst des Hauptdarstellers auf der Bühne. Noch nie hatte man die lächerlichen Wehleidigkeiten eines Hypochonders so überzeugend gesehen. Zum Schießen, wie der sich vor dem Sterben fürchtete! Dazu war der Akteur auch noch Autor des Stückes. Sogar einen beeindruckenden Schwächeanfall samt bestürzend realistisch wirkendem Blutsturz bekam man zum Schluss zu sehen. Das Publikum applaudierte wie wild.

Doch Jean-Baptiste Poquelin, den alle Welt als Molière kennt, spielte nicht nur, er kämpfte mit einer ganz und gar nicht eingebildeten Krankheit und dem Tod. Er starb direkt nach dem Ende seines letzten Stückes mit dem Titel »Le Malade imaginaire«. Was für ein dramatisches Ende des berühmten Dramatikers!

Schon zu Lebzeiten bereicherten Molière, viele seiner Stücke und manche seiner Formulierungen den französischen Wortschatz. Sehr rasch gingen viele in die übrigen Sprachen Europas ein. Bis ins 20. Jahrhundert hinein nannte man beispielsweise gierige und heuchlerisch scheinheilige Menschen *Tartuffe*. So hießen ein Stück und dessen Hauptfigur, mit denen Molière diesen Typus so treffend auf die Bühne brachte, dass man nach ihm sogar Verben wie »tartüffisieren« bildete. Heute kennt man die Ausdrücke nur noch bildungssprachlich.

Immer noch jung und europaweit beliebt setzte sich dagegen als sprichwörtliche Redensart »der eingebildete Kranke« durch. Die Wendung erscheint dabei so einfach und geläufig in allen Sprachen (im Italienischen etwa *malato immaginario*), dass nur wenige, die sie gebrauchen, an den genialen Autor denken.

Die sprichwörtliche Redensart findet sich in fast allen, außer den sehr kleinen europäischen Sprachen.

Den Wald vor lauter Bäumen nicht sehen

vor lauter Möglichkeiten/Details das Naheliegende / große Ganze nicht sehen, überhaupt das Naheliegende übersehen

In der Antike liest man verschiedentlich ähnliche Formulierungen, so bei Ovid in seinen um die Zeitenwende verfassten »Tristia«. Der in und an der Verbannung leidende Dichter vergleicht jemanden, der ihn nach dem doch so offensichtlichen Grund seiner Wehmut fragt, mit einem, der »weder die Blätter im Wald, noch auf offener Wiese das saftige Gras, noch im fließenden Fluss das Wasser wahrnehme« *(nec frondem in silvis nec aperto mollia prato / Gramina nec pleno flumine cernit aquas).*

Genau derselbe Gedanke – wahrscheinlich als freie Übersetzung Ovids – findet sich 1768 beim so weisen wie pfiffigen Autor und Antikekenner Christoph Martin Wieland in seinem Versepos »Musarion«, wo es heißt: »Die Herren dieser Art blend't oft zu vieles Licht; / Sie sehn den Wald vor lauter Bäumen nicht.« In späteren Werken, darunter eine Übersetzung von Ovids »Tristia«, verwendet er den Ausdruck erneut, den schon die Zeitgenossen in Deutschland amüsiert und begeistert aufnahmen. Da Wieland mit Autoren und Gelehrten in Frankreich und England korrespondierte und europaweit einen guten Ruf hatte, kann er zusammen mit Ovid als Vater der Redensart genannt werden. Dafür spricht auch die oft leicht erweiterte Bedeutung der Wendung in Wieland'scher Weise, der ja nicht nur Menschen beschreibt, die das Naheliegende, Offensichtliche übersehen, sondern auch solche, die über der Fülle an Detailbeachtung das große Ganze nicht wahrnehmen. Außerdem verwenden die meisten Sprachen »Bäume«, nicht »Blätter« in der Redensart, so im Englischen *not to be able to see the wood(s) / forest for the trees* oder – als Sprichwort – im Französischen: *C'est l'arbre qui cache la forêt,* also »es ist der Baum, der den Wald verbirgt«.

Sprachen, die diese Redensart kennen: Albanisch, Bosnisch, Bulgarisch, Dänisch, Deutsch, Englisch, Estnisch, Faröisch, Finnisch, Französisch, Friesisch (Nord- und West-), Gälisch, Galizisch, Griechisch, Holländisch, Isländisch, Kroatisch, Lettisch, Litauisch, Luxemburgisch, Mazedonisch, Niederdeutsch, Norwegisch, Rumänisch, Russisch, Schottisch, Schwedisch, Schwyzerdütsch, Serbisch, Slowakisch, Slowenisch, Spanisch, Tschechisch, Ukrainisch, Ungarisch, Venezianisch, Walisisch, Weißrussisch.

Der letzte Mohikaner sein

alleinig Übriggebliebener einer Menge, ein verächtlicher Rest, ein einzigartiger Vertreter alter Werte sein

Noch mehr als Karl May, der im deutschsprachigen Gebieten, aber auch in Osteuropa viel gelesen wurde, oder der Franzose Gabriel Ferry beeinflusste James Fenimore Cooper mit seinen Romanen rund um den Waldläufer Falkenauge und seinen Mohikaner-Freund Chingachgook die Verbreitung indianischer Ausdrücke in den sprichwörtlichen Redensarten Europas. Dass die erfolgreichen Verfilmungen dazu beitrugen, die Figuren und Handlungen der Romane im kollektiven Gedächtnis zu halten, versteht sich.

Im Roman gleichen Titels von 1826 treten gleich zwei »letzte Mohikaner« als einzige Überlebende ihres Stammes auf, nämlich Chingachgook, was »die große Schlange« heißt, und sein Sohn Unkas, der im Verlauf der ebenso spannenden wie grausamen Handlung stirbt. Mit ihm stirbt die letzte Hoffnung, der Stamm der Mohikaner könne wieder aufleben. Cooper dramatisiert hier deutlich, denn noch heute leben Angehörige der Mohegan und Mahican, die wohl mit »Mohikaner« gemeint sind.

Der Roman zählt gleichwohl nicht nur wegen seiner künstlerischen Qualität und der dramatischen Handlung mit Recht zu den Klassikern, sondern gehört auch zum Besten, was historisch informierte Literatur über die Ureinwohner Nordamerikas zu bieten hat. So wurde der Titel sprichwörtlich, besonders in Europa, wo Cooper eine Art Starruhm besaß. »Der letzte Mohikaner sein« wurde allerdings zunehmend ironisiert verwendet, weil »das Letzte« in allen Kulturen auch für etwas besonders Schlechtes steht.

Cooper machte weitere Gebräuche der Stämme im Nordosten der USA und im Südosten Kanadas sprichwörtlich, wobei natürlich auch Ferry, May u. a. halfen. Das betrifft vor allem die Redensarten »das Kriegsbeil begraben« und »die Friedenspfeife rauchen« für »einen Streit beenden« und »sich versöhnen« sowie »in die ewigen Jagdgründe eingehen« für »sterben«, die in den meisten europäischen Sprachen verbreitet sind.

Sprachen, die diese Redensart kennen: Albanisch, Baskisch, Bosnisch, Bretonisch, Bulgarisch, Dänisch, Deutsch, Estnisch, Färöisch, Finnisch, Französisch, Galizisch, Griechisch, Holländisch, Isländisch, Italienisch, Katalanisch, Kroatisch, Lettisch, Litauisch, Makedonisch,

Norwegisch, Polnisch, Portugiesisch, Rumänisch, Russisch, Schwedisch, Schwyzerdeutsch, Serbisch, Slowakisch, Slowenisch, Sorbisch, Spanisch, Tschechisch, Ukrainisch, Ungarisch, Venezianisch, Weißrussisch, Westfriesisch.

Russisches Roulette (spielen)

ein gefährliches Handeln oder Planen; risikoreich, selbstmörderisch, bedenkenlos handeln; eine gefährliche Gelegenheit bedenkenlos nutzen

Die Geschichte dieses tödlichen Spiels gleicht einem Mythos, denn bislang wurde kein Erstbeleg für dessen Ausübung gefunden, ja es liegt nicht einmal eine auch nur mäßig dokumentierte Entwicklung desselben vor. Selbst die Regeln stehen nicht fest.

Üblicherweise beschreibt man »Russisches Roulette« als tödliches Spiel mit dem Schicksal, für das man einen Revolver benötigt, in dessen Kammern – meist sechs – sich nur eine Patrone befindet. Der Spieler oder ein anderer dreht die Kammer, sodass ungewiss ist, ob der Revolver nur ein »Klick« von sich geben wird oder einen tödlichen Schuss. Der Spieler hält sich die Waffe an die Schläfe und drückt ab – im vollen Bewusstsein, möglicherweise gleich zu sterben.

Potenziell tödliche Schicksalsspiele unter Männern, besonders Soldaten, gibt es seit je und in vielfältiger Form, so wahrscheinlich auch ähnliche wie dieses mit dem Revolver. In Polen, Frankreich, England, tatsächlich auch in Russland und in der französischen Fremdenlegion soll es vorgekommen sein. Eine zumindest ähnliche Spielart beschreibt 1840 Michail Lermontow im Roman »Ein Held unserer Zeit«, dort geht es aber darum, unter mehreren einläufigen Pistolen eine auszuwählen, die geladen sein könnte oder nicht.

Unter dem Namen »russisches Roulette« ist das beschriebene Spiel aller Wahrscheinlichkeit nach erst seit 1937 bekannt. In seiner Erzählung »Russian Roulette« beschreibt George Surdez, ein schweizerisch-amerikanischer Autor, das Spiel ausführlich. Ein Protagonist der Geschichte, Sergeant der Fremdenlegion Burkowski, erzählt, er habe es 1917 bei zaristischen Offizieren beobachtet. Die Revolution der Kommunisten habe sie Entehrung und Armut fürchten lassen. Ihr Leben erschien bloß noch eine Farce und nichts mehr wert, weshalb sie bei beliebigen Gelegenheiten im Privaten oder in der Öffentlichkeit, russisches Roulette gespielt hätten. Kenner der 1917 üblichen russischen Dienstrevolver bezweifeln allerdings, dass es mit diesen Waffen überhaupt funktioniert hätte. Keiner weiß jedenfalls, ob Surdez den Ausdruck erfand, ob er ihn übernahm, ob er wirklich Selbsttötungen in ähnlicher Art kannte.

In jedem Fall verbreiteten sich mit dieser Geschichte der Ausdruck und das Spiel sehr rasch in den USA, dann in England und ganz Europa, vor allem in Literatur und Film, aber auch in der Realität und im Sprichwörtlichen – ein Beweis, dass Trivialliteratur große Wirkung haben kann. Die verächtliche Einstellung zum Leben, das man im wahrsten Sinne aufs Spiel setzte, beeinflusste die Bedeutung der Redensart natürlich entschieden.

In den meisten europäischen Sprachen finden sich neben der eigentlichen auch ironische, lustige Verwendungen und Parallelbildungen der Redensart. Besonders bekannt wurde der Ausdruck *Vatikaanin/ Roomalainen ruletti* (Finnisch) für die Empfängnisverhütung mittels der Knaus-Ogino-Methode, weil sie so unzuverlässig, also »gefährlich« wäre, mancher »Schuss« doch fruchtbar »treffe«. Auch im Englischen, Russischen oder Deutschen kommt diese Bedeutung vor als »Römisches« oder »Katholiken-Roulette«.

Sprachen, die diese Redensart kennen: Albanisch, Bosnisch, Bretonisch, Bulgarisch, Dänisch, Deutsch, Finnisch, Französisch, Galizisch, Griechisch, Isländisch, Italienisch, Katalanisch, Kroatisch, Lettisch, Litauisch, Luxemburgisch, Montenegrinisch, Norwegisch, Obersorbisch, Polnisch, Portugiesisch, Rumänisch, Russisch, Schwedisch, Serbisch, Slowakisch, Slowenisch, Spanisch, Tschechisch, Ukrainisch, Ungarisch, Weißrussisch, Westfriesisch.

Der, dessen Name nicht genannt wird

ironische Benennung von Vorgesetzten, unangenehmen oder lächerlichen Typen

Einer der größten Bucherfolge aller Zeiten musste natürlich auch eine Auswirkung auf den Wortschatz Europas haben: »Harry Potter« von Joan K. Rowling. Was dieses siebenbändige Epos mit Zusatzschub durch die achtteilige Verfilmung erreicht hat, lässt einen staunen. Geläufig plaudern Rumänen oder Isländer über Horcruxe und Spanier oder

Belgier über Imperio-Fluch-Zaubersprüche doch wirklich europa-, ja weltweit wurde in einer Art von Treppenwitz eine Formulierung sprichwörtlich, die eine der Hauptfiguren nur umschreibend bezeichnet: »der, dessen Name nicht genannt wird«.

In vielen Varianten taucht die Formulierung in den Bänden auf, sodass es auch heißt »der, dessen Name nicht genannt werden darf/soll«, im Original u. a. *he who must not be named*. Oft heißt es auch *you know who*, also »du weißt schon wer«, aber diese Formel gab es längst vor dem Buch und ist ihm nicht so spezifisch zuzuordnen. Die meisten Leser wissen natürlich, dass hiermit niemand anderes als der Hauptbösewicht, der Erzschurkenzauberer und auf unheimliche Weise mit Harry Potter verbundene Lord Voldemort, um seinen Namen doch zu nennen, gemeint ist.

Rowling bezieht sich mit dieser Vermeidungsstrategie auf historische und literarische Vorbilder. Man muss nur an das jüdische Gebot denken, Gottes Namen nie direkt zu nennen, ihn am besten nur zu umschreiben, heißt es doch in der Thora, man solle seinen Namen nicht unnütz gebrauchen. Trotzdem weiß natürlich jeder Jude und jede Jüdin, wer da gemeint ist. Angst, Scheu und Gottesfurcht gehen da eine eigentümliche Verbindung ein. Eindeutig schlägt sich in der jüdischen Tradition wie bei Rowling die Überzeugung nieder, dass Namen mächtiger Wesen selbst eine unheimliche Macht besitzen. Zudem rufen Namen den Genannten herbei, gerade auch Gottes Widersacher. Heiter sagt es der Volksmund im Sprichwort: »Wenn man den Teufel nennt, kommt er gerennt.« Das Nichtnennen ist freilich ebenso eine Art furchtsamer Demutsgeste dem Bösen gegenüber. Harry Potter setzt sich deshalb irgendwann über das Redeverbot hinweg und unterstützt damit vielleicht sogar noch die Karriere der Wendung, die zu den bekanntesten geflügelten Worten in Europa und weltweit gehört.

Sie lässt sich auch so herrlich vielfältig einsetzen, vor allem ironisch und heiter. Halb heimlich lässt sich über die Chefin, einen Lehrer, einen Politiker genauso herziehen wie über irgendwelche Schwachköpfe, Nervensägen oder Stinkstiefel, indem man auf sie als »der, dessen Name nicht genannt wird« Bezug nimmt. Die furchtsam ehrfürchtige Namensvermeidung verwandelt sich damit in ihr Gegenteil. Jemand ist einfach zu lächerlich, als dass man seinen Namen nennen wollte, jemand führt sich als Bürodiktator wie eine Karikatur Voldemorts auf, jemand hat einen komplizierten Namen und und und. Wer immer jedenfalls sich der Wendung »der, dessen Name nicht genannt wird« bedient, hat die verständig nickenden Lacher auf seiner Seite.

Und so sollen hier auch die Sprachen, welche die sprichwörtliche Redensart kennen, nicht genannt werden, wird man doch in jeder auf sie stoßen.

PS: Der Name dessen, der nicht genannt wird, reimt sich nach Auskunft der Autorin auf »Gryffindor«, nicht auf »Zauberwort«.

Weitere sprichwörtliche Redensarten mit literarischen Wurzeln:

ein Vogel im goldenen Käfig sein

der Anfang vom Ende

der Zahn der Zeit, Krieg und Frieden

der Augenblick / die Stunde der Wahrheit

ein offenes Geheimnis sein

ein Sturm im Wasserglas / in der Teetasse

mit Abwesenheit glänzen

im Elfenbeinturm sein/leben

nur über meine Leiche

ein Skelett im Schrank / eine Leiche im Keller haben

vom Lügen eine lange Nase bekommen

das Gesetz des Dschungels

das Land der unbegrenzten Möglichkeiten

nur die Spitze des Eisbergs sein

die fünfte Kolonne sein

die unerträgliche Leichtigkeit des Seins

die Einsamkeit des Langstreckenläufers

in achtzig Tagen (um die Welt)

Bei Waterloo ist Polen noch nicht verloren

Historische Anekdoten und Begebenheiten als Quelle sprichwörtlicher Redensarten in Europa

Aus der Geschichte zu lernen, das erhoffte man sich bereits in der Antike, und fast alle Kulturen widmen dem Geschichtsunterricht große Aufmerksamkeit. Bis weit ins 20. Jahrhundert hinein prägten ihn in Europa Kriege, Schlachten und Entdeckerschicksale – also Helden- und Männergeschichten. Dabei herrschte durchweg der europäische Blickwinkel vor, was sich auch in unseren weitverbreiteten historischen Redensarten widerspiegelt. Kommen sie aus anderen Kulturen oder von anderen Kontinenten, entstanden sie in jüngerer Zeit. Ein gutes Beispiel hierfür ist die in vielen europäischen Sprachen bekannte Redensart, dass jemand »bloß ein Papiertiger sei«. Mao tse Tung verwendete den Ausdruck mehrfach in offiziellen Äußerungen seit 1946, um die amerikanische Atombombe, die amerikanischen Imperialisten und Reaktionäre zu relativieren, ja zu verspotten: Sie würden zwar einschüchternd wirken, seien in Wahrheit aber gar nicht gefährlich. Dabei bezog er sich natürlich auf die traditionellen chinesischen Papiertiger und -drachen, die bei Festen von vielen Menschen getragen werden.

Neben historischen Ereignissen wurden auch die Waffen, vor allem neue und furchterregende sehr leicht sprichwörtlich, und das in solch einem Maße, dass es unmöglich ist, alle Schild-, Schwert-, Lanzen-, Rüstungs-, Kanonen- und Bomben-Redensarten aufzuführen, die den europäischen Sprachen gemein sind. Immer wieder kommen neue dazu. So ist die Wendung *to be in stealth mode,* deutsch »im Stealth-Modus sein«, in den meisten Sprachen bekannt. Man beschreibt mit ihr beispielsweise arbeitsscheue Kollegen, die sich bei der Arbeitsvergabe so gut wie unsichtbar machen, wie ein Stealth-Bomber eben.

In diesem Kapitel geht es auch nicht um die zahlreichen mit dem Rittertum verbundenen Redensarten wie »sattelfest sein« oder »etwas im Schilde führen« oder »den Fehdehandschuh hinwerfen/aufnehmen«,

Historische Anekdoten und Begebenheiten als Quelle

die nicht selten erst mit der massenhaften Lektüre von Ritterromanen seit der Romantik richtig populär wurden. Hier stehen historische Ereignisse im Mittelpunkt, die so berühmt und bedeutend waren, dass sie in den europäischen Redensartenschatz eingingen.

Manche der sehr frühen sprichwörtlichen Redensarten verdanken sich offensichtlich sagenhaften Zusammenhängen, beispielsweise das »Durchschlagen des gordischen Knotens« durch Alexander den Großen. Die Aufgabe, diesen komplexen Knoten aufzulösen, woran viele Vorgänger gescheitert waren, erledigte der rabiate Eroberer gewaltsam – mit einem Schlag seines Schwertes eben. Dem verdankt sich die Doppelbedeutung der Redensart, »ein Problem genial/unerwartet lösen« und »ein Problem gewaltsam lösen«.

Geflügelte Worte historischer Personen werden hier ebenfalls nur en passant erwähnt, weil es schlicht uferlos wäre. Viele wissen auch noch, dass es Cäsar war, der, als er »den Rubikon überschritt«, *Alea iacta est!* gerufen haben soll (wobei er nach Plutarch eher »Der Würfel sei geworfen!« sagte). Bekannt ist auch, dass sein Zeitgenosse Pompeius angeblich Seeleute antrieb mit den Worten *navigare necesse est, vivere non (est)*, also »mit dem Schiff zu fahren ist notwendig, zu leben nicht«. Ein wesentlich moderneres geflügeltes Wort sei wenigstens noch erwähnt: »Noch ist Polen nicht verloren!« Aus der ersten Zeile des Liedes der Polnischen Legion in Italien aus dem Jahr 1797 wurde im Lauf von gut 100 Jahren ein Kampfruf der Freiheit, übersetzt in mindestens 17 Sprachen, der wegen seines Erfolges, als Polen 1919 nach langer Zeit wieder als eigener Staat erstand, bis heute in Europa einen besonderen Klang hat. Die Polen machten aus dem Lied übrigens ihre Nationalhymne.

Einen Pyrrhussieg erringen / ein Pyrrhussieg sein

einen Scheinsieg erringen / einen Sieg, der in Wirklichkeit eine Niederlage ist

Ähnlich wie sein Kollege Krösus versuchte König Pyrrhus von Epirus, seine Macht deutlich zu vergrößern, als er griechischen Stadtstaaten im Süden Italiens gegen die aufstrebende Macht Rom beistand. Unterstützt von einer Menge griechischer Verbündeter, begann er den Kriegszug 280 v. Chr. und hatte bald einen ersten Sieg in der Schlacht von Heraclea erkämpft. Er hoffte, Rom zu Friedensverhandlungen zwingen zu können – vergeblich. In der nächsten großen Schlacht bei Asculum ein Jahr später siegte Pyrrhus erneut, doch starben so viele einfache Soldaten, Offiziere und Freunde, dass er ganz verzweifelt gewesen sein soll, wie antike Autoren überliefern. Bei Plutarch liest man noch etwa 400 Jahre später die Worte mal als indirekte, mal als direkte Rede:»Die Armeen trennten sich; und es wird gesagt, dass Pyrrhus jemandem, der ihm Freude zusprach wegen seines Sieges, antwortete: noch ein solcher Sieg würde ihn vollkommen zerstören.« Und an anderer Stelle kürzer und direkt:»Wenn wir siegreich in einer weiteren Schlacht mit den Römern sind, werden wir vollkommen vernichtet sein.« Der Krieg zog sich zwar noch Jahre hin, doch schließlich verlor Pyrrhus, und Roms Aufstieg zur Großmacht gewann deutlich an Tempo. Dass der König den Quellen nach viele Jahre später in einem anderen Krieg von einer alten Frau mit einem herabgeschleuderten Dachziegel im Straßenkampf in Argos getötet worden sein soll, machte sein Ende eindrucksvoll unköniglich.

Wie so oft verkürzte und dramatisierte die spätere Geschichtsschreibung die Vorgänge so sehr, dass es schien, als habe Pyrrhus direkt nach seinem verlustreichen Sieg aufgeben müssen, was den erst sprichwörtlich werden ließ. Wann genau, ist unklar, aber sicher vor 1800, da die Redensart anschließend sehr häufig und europaweit verwendet wurde. Bis heute ist sie, beispielsweise rumänisch als *victorie pirică*, vornehmlich in der Sphäre der Medien daheim und beschreibt Scheinsiege im Sport, vor Gericht, bei Wahlen oder in der Wirtschaft.

Sprachen, die diese Redensart kennen: Albanisch, Bosnisch, Bretonisch, Bulgarisch, Dänisch, Deutsch, Estnisch, Finnisch, Französisch, Galizisch, Griechisch, Holländisch, Isländisch, Italienisch, Katalanisch, Kroatisch, Ladinisch, Lettisch, Litauisch, Mazedonisch, Norwegisch, Polnisch, Portugiesisch, Rätoromanisch, Rumänisch, Russisch, Schwedisch, Serbisch, Slowakisch, Slowenisch, Sorbisch, Spanisch, Tschechisch, Ukrainisch, Ungarisch, Weißrussisch, Westfriesisch.

Historische Anekdoten und Begebenheiten als Quelle

Nach Canossa gehen / ein Gang nach Canossa sein

zu Kreuze kriechen müssen, einen peinlichen Irrtum oder Fehler zugeben / ein Bußgang sein

Obwohl die Geschichte hinter der Redensart fast 1000 Jahre alt ist, ist es die Redensart ganz und gar nicht. Ein geradezu repräsentativer Fall liegt hier vor, der vor Schnellschlüssen bei Erklärungsversuchen im Sprichwörtlichen warnt.

Canossa liegt knapp 20 Kilometer südlich von Reggio Emilia. Über dem Ort thront heute eine Burgruine. Hier trafen sich im Januar 1077 Papst Gregor VII. und Kaiser Heinrich IV. Wie kam es dazu? Auf dem Höhepunkt des Investiturstreits, eines Machtkampfs um die Vorherrschaft zwischen Kaiser und Papst, hatte der weltliche Herrscher den geistlichen aufgefordert, sein Amt aufzugeben, woraufhin der Papst den Kaiser mit dem Kirchenbann belegte. Das zog fatale rechtliche Konsequenzen nach sich: Alle Treuegelöbnisse und Dienstverhältnisse Kaiser Heinrich IV. gegenüber waren damit hinfällig. Er verlor seine Hoheits- und Befehlsgewalt, sogar jedwede Unterstützung des Kaisers verbot der Kirchenbann. Heinrich IV. musste also rasch reagieren. Er reiste mit seiner Frau und kleinem Gefolge nach Italien, wo er den Papst in Canossa treffen konnte.

Dem Papst nahestehende Chronisten berichten, dass der Kaiser sich barfuß und im Büßergewand mit einem frierenden Gefolge der Burg näherte und sich vor dem Papst erniedrigen musste. Das wird in dieser Härte von den meisten Historikern heute bezweifelt. Man ist sich nicht ganz klar, wer bei diesem entscheidenden Treffen das Heft des Handelns in der Hand hatte. Manches spricht dafür, dass Heinrich IV. den Papst, der auf dem Weg nach Augsburg war, in Canossa abgefangen und ihn mit seinem Bußgang gezwungen haben könnte, den Kirchenbann zu lösen. Es könnte sich auch um eine vorher ausgehandelte Begegnung gehandelt haben, um eine weitere Eskalation zu verhindern.

Unbezweifelt bleibt, dass und wo dieses außergewöhnliche Treffen stattfand. Es wurde von katholischer Seite sowie von deutschen Herrschern und Historikern, Dichtern und Politikern immer wieder propagandistisch ausgeschlachtet und erlangte bereits früh Sprichwörtlichkeit.

Die wuchs im 19. Jahrhundert gewaltig an, als der preußische Staat im sogenannten Kulturkampf den Einfluss des Papsttums reduzieren wollte. In dieser Neuauflage des Kampfes »Kaiser gegen Papst« zitierte man Canossa immer wieder als empörendes historisches Beispiel einer imperialen Demütigung durch den Papst. Den entscheidenden Impuls gab dann wohl erst der damals überaus populäre, international geachtete und berühmte Reichskanzler Otto von Bismarck, der am 14. Mai 1872 in einer Reichstagsrede bekräftigte: »Seien Sie außer Sorge, nach Kanossa gehen wir nicht, weder körperlich noch geistig.« Die Protokollanten, die den Ort mit »K« schrieben und also wohl nicht kannten, vermerken als Reaktion des historisch gebildeten Parlaments: »Lebhaftes Bravo!« Ab da und bis heute verwendete man den Ausdruck europaweit bald in ganz anderen Situationen, in denen es um einen Bußgang oder ein Zu-Kreuze-Kriechen ging. Besonders drastisch formulieren es die Schweden, die sagen *krypa på sina bara knän till Kanossa*, also »auf seinen bloßen Knien nach Kanossa kriechen«. Ach ja, selbst Japan, in der Bismarck-Zeit und danach stark am Deutschen Reich orientiert, und Korea kennen in ihren Sprachen die Redensart.

Sprachen, die diese Redensart kennen: Albanisch, Bretonisch, Dänisch, Deutsch, Estnisch, Finnisch, Französisch, Galizisch, Holländisch, Italienisch, Kroatisch, Ladinisch, Lettisch, Litauisch, Norwegisch, Polnisch, Portugiesisch, Rätoromanisch, Rumänisch, Russisch, Schwedisch, Slowakisch, Slowenisch, Sorbisch, Tschechisch, Ukrainisch, Ungarisch, Weißrussisch, Westfriesisch.

Nach mir/uns die Sintflut!

Was nach mir bzw. uns kommen wird, wie es hinterher aussehen wird, ist gleichgültig, die Zukunft ist egal; ebenso: Kritik daran, dass jemand ohne jede Rücksicht aufs Zukünftige weitermacht

Dieses geflügelte Wort schreiben viele Nachschlagewerke der so einflussreichen wie klugen Marquise de Pompadour zu, die gesagt haben soll: *Après nous le déluge!* Also: »Nach uns die Sintflut!«

Der Anlass für diesen Stoßseufzer, der angeblich eine Ahnung kommenden Unglücks ausdrückte, war die verlorene Schlacht bei Roßbach im Siebenjährigen Krieg. Friedrich II. von Preußen besiegte dort im Jahr 1757 eine doppelt so starke Streitmacht aus Franzosen und einer Armee des Heiligen Römischen Reichs. Gerade für Frankreich stellte die

Niederlage einen schrecklichen Verlust an Soldaten, Ausrüstung, Geld und nicht zuletzt Prestige dar, da in vielen protestantisch geprägten Ländern, ja selbst in Frankreich der Preußenkönig als strategisches Genie und kluger Verteidiger der protestantischen Sache gefeiert wurde.

Insofern erklärt sich der klagende Ausruf der Favoritin des Königs Ludwig XV., denn die Pompadour sah außerordentlich schwierige Zeiten auf die französische Krone zukommen. Dass gut 20 Jahre später die Französische Revolution einer Sintflut ähnlich das Königtum fortschwemmte, ließ das Wort prophetisch erscheinen. Zahllose historische Werke zitierten es auch deshalb.

Die Forschung ist sich indessen unsicher, ob nicht König Ludwig XV. selbst den Satz gesagt und Madame de Pompadour ihn nur wiederholt haben könnte. Ralph Keyes recherchierte in seinem kritischen »Quote Verifier«, dass es den Satz schon vor 1757 in Frankreich gab. Andere, zumindest ähnliche Zitate stammen gar aus der Antike, allerdings mit dem egoistischen Sinn, dass einem die Nachwelt nach dem eigenen Tod egal sei. So heißt es in einem anonymen griechischen Dramenfragment, das in den »Tragicorum Fragmenta Adespota« enthalten ist: »Wenn ich sterbe, lass Erde und Feuer sich mischen: Es spielt für mich keine Rolle, denn meine Sachen werden davon unberührt sein.«

In diesem Sinn verwenden ihn heute viele, wobei der Ton darüber entscheidet, ob man rücksichtslos lebt, als gäbe es kein Morgen, oder ob man diejenigen kritisiert, die so leben.

Das französische Original nennt die biblische Katastrophe *déluge*, angelehnt an die lateinische Übersetzung *diluvium,* während die germanischen Sprachen Varianten von unserem Wort »Sintflut« verwenden. Das Englische kennt heute vor allem die Version *after us/me the flood*, sodass der biblische Bezug abgeschwächt ist. Die Flut, womit ursprünglich durchaus die biblische gemeint ist, verwenden auch viele slawische Sprachen als Bild, so das Slowakische *po mne potopa* oder das Russische *posle nas hot' potop*. Die albanische Wendung »nach mir/uns das Jüngste Gericht!« und die griechische »nach mir/uns das Chaos!« sollte man als sehr ähnliche Redensarten nicht unterschlagen.

Sprachen, die diese Redensart kennen: Bosnisch, Bulgarisch, Dänisch, Deutsch, Estnisch, Finnisch, Galizisch, Holländisch, Irisch, Italienisch, Kaschubisch, Kroatisch, Lettisch, Litauisch, Mazedonisch, Norwegisch, Polnisch, Portugiesisch, Rätoromanisch, Rumänisch,

Russisch, Schwedisch, Serbisch, Slowakisch, Spanisch, Tschechisch, Ukrainisch, Ungarisch, Weißrussisch, Westfriesisch.

Sein Waterloo erleben, ein Waterloo sein

eine entscheidende, empfindliche Niederlage erleben/sein

Waterloo heißt ein ziemlich unbedeutender Weiler in Belgien, der genau genommen nie der Schauplatz eines bedeutenden Ereignisses war. Wenige Kilometer südlich aber fand am 18. Juni 1815 eine Schlacht statt, die das Schicksal Napoleons besiegelte und Europas Geschichte prägte. Viele Dutzend Bücher und ungezählte Aufsätze von Militärangehörigen, Historikern und begeisterten Laien widmen sich seither dem blutigen Geschehen. Einig ist man sich nur in einem Punkt: Die Schlacht hätte leicht anders ausgehen können.

Für die Zeitgenossen zeigte die Niederlage der Franzosen, dass Napoleon nach vielen Jahren als genialer Feldherr mit großem Schlachtenglück nun doch noch seine Meister gefunden hatte, und zwar in dem englischen Kommandeur Herzog Wellington und in dem als »Marschall Vorwärts« berühmten preußischen Generalfeldmarschall Blücher.

Die Siegesbotschaft nach der Schlacht, die Wellington schickte, wurde in der englischen Heimat als *Waterloo dispatch* bekannt. In Waterloo befand sich nämlich sein Feldlager. Wegen dieser Depesche nannten erst die Engländer und bald ganz Europa die Auseinandersetzung »die Schlacht von Waterloo«. Der Ausdruck, ja allein der Name »Waterloo«

Historische Anekdoten und Begebenheiten als Quelle

wurde in vielen Ländern Europas sprichwörtlich für eine entscheidende Niederlage.

Das verwundert erst einmal, feierten doch die Feinde Napoleons einen Sieg. Das besonders Dramatische an der Schlacht war freilich die überraschende und vollkommene Niederlage Napoleons. In Deutschland übrigens feierte man das Ereignis lange Zeit als »die Schlacht / den Sieg von Belle Alliance«. So lautete der Name eines Gutes, auf dem sich die Sieger direkt nach dem Ende der Kämpfe trafen und das wirklich auf dem Schlachtfeld lag. »Der Sieg bei ›Die schöne Allianz‹« hätte ideal gepasst für den Triumph des Heeres, das aus Niederländern, Braunschweigern, Nassauern, Hannoveranern, Schotten, Iren und Engländern bestand. Im Lauf des 20. Jahrhunderts passten sich die Deutschen dann aber dem europäischen Vorbild an.

Schwer vorstellbar, dass die Popgruppe »Abba« mit dem Titel »La Belle Alliance« den Eurovision Song Contest 1974 gewonnen hätte. Mit »Waterloo«, was sich auch besser singen ließ, konnten sie auf Millionen Menschen europaweit rechnen, die mit der Redensart vertraut waren. Das siegreiche Lied über eine süße Liebesniederlage leitete einen unerhörten Aufstieg der Gruppe ein. Ach ja, die rauschende Siegesparty für »Abba« fand – namentlich bestens passend – in der »Napoleon Suite« des »Grand Brighton Hotels« statt.

Das bringt uns zu der Frage, wie man denn in Frankreich dazu sagt. Nun, man verstünde eine Redensart mit Waterloo schon, aber üblich ist, bei scheußlichen Misserfolgen von »la Berezina« zu sprechen. Napoleons katastrophale Niederlage an diesem Fluss im Jahr 1812 stand exemplarisch für das ganze Desaster des Russlandfeldzugs und wurde von vielen Franzosen sehr zu Recht als Anfang vom Ende ihres großen Kaisers gesehen.

PS: In Italien verwendet man öfter als die Waterloo-Redensart *essere una Caporetto*, eine Niederlage im Jahr 1917, die als die bitterste der Landesgeschichte angesehen wird.

Sprachen, die diese Redensart kennen: Albanisch, Bosnisch, Dänisch, Deutsch, Englisch, Finnisch, Französisch, Galizisch, Griechisch, Holländisch, Italienisch, Norwegisch, Russisch, Schwedisch, Schwyzerdütsch, Slowakisch, Ukrainisch, Ungarisch.

Eine lebende Legende sein

schon vor dem Tod legendären Ruhm und Ansehen errungen haben

Man merkt der Redensart an, dass sie in einer germanischen Sprache entstanden sein wird, weil die beiden L-Anlaute eine so schöne Alliteration bilden. Tatsächlich wurde sie wohl zuerst im Englischen geprägt. Mit der Redensart »eine lebende Legende« lobte man eine vollkommen zu Recht berühmte Engländerin: Florence Nightingale.

Zeitungsberichte und Bücher preisen sie im Zusammenhang mit dem verlustreichen Krimkrieg (1853–56) als *the lady with the lamp*. Tatsächlich hatte sie in den Lazaretten Pflegedienste bis tief in die Nacht hinein geleistet – deshalb die Lampe –, was sie für viele zum »Engel der Verwundeten« machte. Viel wichtiger erwies sich ihre Qualität als Mathematikerin und Statistikerin, denn mit überzeugend aufbereitetem Zahlenmaterial gelang es ihr, im britischen Empire, in Europa und den USA das Gesundheitsweisen zu reformieren. Sie wies nämlich nach, wie bessere Hygiene das Überleben Verwundeter, aber auch jedes anderen Kranken deutlich verbessern konnte, gerade in Hospitälern.

Typisch für die damalige Sicht auf Frauen, blieb sie vor allem als aufopferungsvolle Pflegerin im kollektiven Gedächtnis. In einer Sammlung von Porträts unter dem Titel »Eminent Victorians« beschrieb Giles Lytton Strachey Nightingale 1918 als *a legend in her own lifetime*. Der Ausdruck kann leicht weit älter sein, doch mit der enormen Popularität Nightingales und der Sammlung Stracheys verbreitete er sich nachhaltig und in vielen Sprachen. Dabei variiert die Redensart etwas; im Schwyzerdeutschen etwa lautet sie *zu Läbzyte e Legände wärde*.

Ein kurzer Blick ins Internet belegt, wie beliebt die Wendung weiterhin ist. Heute treten beispielsweise Hip-Hop-Stars unter dem Namen »Living Legend« auf, es gibt Filme und Bücher mit diesem Titel, und Sportler wie Usain Bolt oder Zlatan Ibrahimović bezeichnen sich sogar selbst als *living legend*. Ironische Versionen hört man ebenfalls häufig. Ein Fünfjähriger, der auf der Opernbühne einen Auftritt hatte, wurde *zur legend in his own bedtime* erklärt, und Donald Trump fragte man schelmisch, ob er nicht lediglich *a legend in his own mind* sei.

Historische Anekdoten und Begebenheiten als Quelle

Sprachen, die diese Redensart kennen: zu (seinen) Lebzeiten eine Legende sein (Deutsch, Estnisch, Finnisch, Holländisch, Isländisch, Katalanisch, Lettisch, Litauisch, Luxemburgisch, Mazedonisch, Norwegisch, Polnisch, Russisch, Schwyzerdütsch, Serbisch, Ukrainisch, Ungarisch, Walisisch, Weißrussisch, Westfriesisch), eine lebende Legende sein/werden (Albanisch, Bosnisch, Bulgarisch, Dänisch, Deutsch, Französisch, Griechisch, Italienisch, Katalanisch, Kroatisch, Maltesisch, Polnisch, Portugiesisch, Rumänisch, Slowakisch, Slowenisch, Tschechisch).

Jemanden boykottieren

jemanden einem Embargo unterwerfen, keinen Kontakt, Warenaustausch, Postverkehr o. Ä. mit ihm unterhalten

Als politisches Druckmittel setzt man es aktuell sehr häufig ein. Auf der großen Bühne tun es Staaten wie die USA oder China gegenseitig in bestimmten Warenbereichen, im kleineren Maßstab nutzen Umweltinitiativen oder NGOs es, um Gegner wirtschaftlich oder sozial in die Knie zu zwingen. Was kaum noch jemand weiß: Hinter der rätselhaften Redensart »jemanden boykottieren« steckt eine historische Begebenheit.

1880 trat die irische Landliga zusammen, eine mächtige Organisation mit dem Ziel, die Lage der Pächter auf Gütern unter englischer Verwaltung zu verbessern. Auf der Tagesordnung stand der Konflikt mit dem englischen Gutsverwalter von Lough Mask in der irischen Grafschaft Mayo. Er hatte heftigen Streit mit seinen irischen Pächtern, die gegen zu hohe Abgaben protestierten und geringere durchsetzen wollten. So etwas lehnte nun wieder der Verwalter strikt ab.

Die Landliga beschloss daraufhin, den Gutsverwalter offiziell in Acht und Bann zu tun: Niemand sollte mit ihm Verträge schließen, niemand ihn beliefern, niemand mit ihm gesellschaftlichen Umgang pflegen. Es gab Todesdrohungen gegen ihn, seine Dienerschaft wurde gezwungen, ihn zu verlassen, seine Zäune wurden niedergerissen, Briefe an ihn abgefangen.

Freiwillige der paramilitärischen protestantischen »Ulster Orangemen« – ihre Nachfahren sorgen noch heute mit ihren Märschen für Unruhen – halfen immerhin dabei, wenigstens die Ernte einzubringen. Selbst sie mussten von 900 Soldaten ihrer Majestät gegen den irischen Widerstand beschützt werden.

Die Solidarität der Iren war außerordentlich groß, schließlich ging es um eine nationale Frage: Die Engländer galten in Irland als Besatzer. Weil sich fast alle an den Beschluss hielten, musste der Verwalter schließlich das Handtuch werfen und das Land verlassen. Der durchschlagende Erfolg empörte wiederum die britische Presse, die ausführlich darüber berichtete. Gewerkschaften erkannten dagegen in dem irischen Verfahren ein probates Mittel, um für bessere Arbeitsbedingungen und Löhne zu kämpfen. Sie benannten es nach dem vertriebenen Verwalter: Charles Cunningham Boycott.

Eins ist heute klar: Keine Sprache in Europa boykottiert »boykottieren«.

Ein Fliegerass sein, ein Ass in etwas sein

ein sehr guter Jagdflieger sein, ein Könner auf seinem Gebiet sein

In vielen Kartenspielen ist das Ass die höchste Karte. Darauf bezieht sich die alte, in drei Dutzend europäischen Sprachen verbreitete Redensart »ein Ass im Ärmel haben«. Im 19. Jahrhundert entstanden hieraus Redensarten, die Spitzenkräfte unterschiedlicher Gebiete als »Ass« bezeichnen.

Den Durchbruch in ganz Europa und den USA brachte allerdings erst die spezifische Redensart »ein Fliegerass sein«, die in Frankreich zur Zeit des Ersten Weltkriegs entstand. Ganz Europa begeisterte sich damals für die recht junge Luftwaffe und vor allem die kleine Gruppe erfolgreicher Jagdflieger, die man nicht nur im Deutschen Reich zu »Rittern der Lüfte« stilisierte. Als 1915 der Pilot Celéstin Adolphe Pégoud nach sechs Feindabschüssen selbst abgeschossen wurde, hoben ihn französische Journalisten als *as de l'aviation* in den Himmel. Den Ehrentitel – immer wieder auch nur auf *l'as* verkürzt – verlieh man auch anderen französischen Piloten wie Roland Fonck oder amerikanischen wie Edward Vernon Rickenbacker.

Innerhalb kurzer Zeit entstand eine ungefähre Definition, ab wann ein Jagdflieger sich »Ass« nennen durfte, nämlich ab fünf bestätigten Feindabschüssen. Die Redensart vom Fliegerass verbreitete sich über die Medien sehr rasch in ganz Europa und den USA, da diese über die Zweikämpfe in der Luft ausführlich und oft berichteten. Besonders hervorragende Jagdflieger beschrieb man als »Ass der Asse«, was die Popularität der verkürzten Redensart »ein Ass sein« für »ein Könner auf seinem Gebiet sein« entschieden steigerte und für die Übertragung auf jeden anderen Bereich hilfreich war.

In Deutschland, wo man erfolgreiche Jagdflieger eher »Kanone« u. Ä. nannte, setzte sich »ein Fliegerass sein« erst mit internationalen Filmproduktionen und Fliegerbüchern in der Zeit nach dem Zweiten Weltkrieg durch. Dass wir heute von einem »Mathe-Ass« sprechen oder einem »Ass im Verkauf«, verdankt sich also ebenso dem französischen Luftkriegsausdruck wie der Spielkarte mit dem höchsten Wert.

Sprachen, die diese Redensart kennen: Albanisch, Bosnisch, Bulgarisch, Dänisch, Deutsch, Englisch, Estnisch, Finnisch, Französisch, Griechisch, Holländisch, Irisch, Isländisch, Italienisch, Katalanisch, Niederländisch, Norwegisch, Polnisch, Portugiesisch, Rumänisch, Russisch, Schwedisch, Schwyzerdütsch, Slowakisch, Slowenisch, Spanisch, Tschechisch, Ukrainisch, Ungarisch, Walisisch.

Weitere historische Ereignisse und Ausdrücke, die sprichwörtliche Redensarten in Europa beeinflussten:

der Nabel der Welt sein
den gordischen Knoten durchschlagen
den Rubikon überschreiten
veni, vidi, vici
alea iacta est
sich auf seinen Lorbeeren ausruhen
ein Vandale sein / Vandalismus
blaublütig sein
ein(en) Advokat des Teufels spielen/sein
eine graue Eminenz sein
Potemkin'sches Dorf/Dörfer
Kanonenfutter sein
die großen Geschütze auffahren
auf einem Pulverfass sitzen
ein Gespenst geht um in …

Opium für das Volk / die Massen
eine tickende Zeitbombe
ein schwarzer Freitag / Black Friday
die Schallmauer durchbrechen
runde Tafel / Round Table
eine Bananenrepublik
eine fünfte Kolonne
eiserner Vorhang
ein Papiertiger sein
kalter Krieg / der Kalte Krieg
mit den Füßen abstimmen
das gemeinsame europäische Haus

Dolce Vita
spielt eine große Rolle

Theater und Film als Quelle sprichwörtlicher Redensarten in Europa

Unser Leben gleicht einem Schauspiel, mal Tragödie, mal Komödie, in dem jeder Mensch eine, am besten seine eigene Rolle bestmöglich zu spielen hat, in dem man auf die Bühne tritt und von ihr abtritt, sich oder etwas inszeniert, mal aus der Rolle fällt, Lampenfieber empfindet oder ins Rampenlicht drängt.

Was über den grauen Alltag hinausgeht, beschreiben wir gern mit Theaterredensarten: mal positiv, mal negativ. Weltweit heißt es in den meisten Sprachen, die »Drama-Kings« und »Drama-Queens« sollten »nicht so ein Theater machen«, sich lieber mal »etwas abschminken«. »Dramatisch« dient als Wort für »besonders«, »außergewöhnlich«, »gewichtig«, weshalb man von »dramatischen Ereignissen« spricht oder abwiegelt, wenn »etwas nicht so dramatisch ist«.

Der Blackout verdankt sich als Redensart dem Theater genauso wie der »Blick hinter die Kulissen«, der Tod lässt dann *the final curtain* fallen, selbst wenn jemand lebenslang »eine Koryphäe war«, was aus dem antiken griechischen Theater stammt und den Anführer des Chors auf der Bühne beschrieb.

»Wie aufs Stichwort« erscheinen Theaterredensarten dutzendweise, weil das Theater das Leben nachahmt und das Leben als ein Theater mit der Welt als Bühne und den Göttern oder Gott als Spielleiter aufgefasst wird. Den besten Selbstdarstellern, die »anderen die Schau stehlen«, ruft man schon mal »Gut gebrüllt, Löwe!« zu, während ein anderer »Sein oder nicht sein« vor sich hin murmelt und alle darauf hoffen: *all's well that ends well*.

Der Film übernahm seit Ende des 19. Jahrhunderts zunehmend die Rolle des Schauspiels. Wer auch immer genau die Filmkamera als Erstes erfand, es handelte sich jedenfalls um eine europäische Erfindung, die zunächst in Frankreich Furore machte, um sich dann rasend schnell zu verbreiten. Hatten die Maler bis dahin »etwas auf die Leinwand gebracht«, waren es nun die Regisseure. Ausstellungen, die ungeheuren Erfolg verzeichnen, heißen seit zwei Jahrzehnten »Blockbuster-Ausstellungen« nach den besonders erfolgreichen Filmen – und diese übrigens selbst nach der ungeheuren Wirkung englischer Großbomben. Der Film »Psycho« des Briten Alfred Hitchcock verlieh einem ganzen Genre seinen Namen, dem Psychothriller, was selbst wiederum sprichwörtlich wurde für außerordentlich unangenehme, einschüchternde Erlebnisse. Der Titel des Romans, der die Vorlage bot, und des Films kürzt – wie in der Umgangssprache zuvor schon üblich – das Wort »Psychopath« ab.

Viele weitere Filmtitel wurden sprichwörtlich und werden häufig wörtlich oder in Abwandlungen in den Medien zitiert. Dazu zählen gleich zwei Filme Luis Bunuels, nämlich »Der diskrete Charme der Bourgeoisie« und »Das obskure Objekt der Begierde«, aber auch Mike Newells »Vier Hochzeiten und ein Todesfall« und viele andere.

Selbst Besonderheiten der Aufnahmetechnik verbreiteten sich europa- und dann weltweit in sprichwörtlichen Redensarten, so *close up*, eigentlich für »Nahaufnahme«, in der Bedeutung »sich etwas genauer ansehen«, »noch einmal in Zeitlupe« in der Bedeutung »noch einmal langsam«, oder »im Zeitraffer« in der Bedeutung »sehr schnell«.

Abschließend noch ein Wort, um Enttäuschungen zu vermeiden. Weder führe ich hier »Casablanca«-Zitate wie »die üblichen Verdächtigen« auf noch aus »Dirty Dancing« (»Ich hab eine Wassermelone getragen«), »Star Wars« (»Möge die Macht mit dir sein!«) oder »Terminator« (»Hasta la vista, baby!«). Sie alle entstammen US-Produktionen, nicht europäischen, und sind nicht nur auf unserem Kontinent, sondern weltweit berühmt, was Massen von Internetsites mit Filmzitaten belegen. Diese Internationalismen, wie man dazu sagen kann, wären ein eigenes Buch wert.

Hinter den Kulissen

im Verborgenen, im Geheimen, nicht öffentlich

Kulissen gibt es im Theater, bedenkt man die weit über 2500 Jahre seines Bestehens, noch gar nicht so lange. Vor recht genau 400 Jahren setzte sich das Modell der sogenannten Guckkastenbühne durch, wie wir sie heute noch kennen. Vorher spielte man auf offenen Plätzen oder auf rasch aufgeschlagenen »Brettern, die die Welt bedeuten«, wie es Schiller in »An die Freude« schrieb. Alles war zu sehen, die Auftritte, rascher Kostümwechsel, die »Auferstehung« der von der Bühne transportierten »Leichen«. Niemanden störte es, denn jedem war klar, dass für das jeweilige Stück nur zählte, was auf der Bühne passierte. Ein Bühnenbild im heutigen Sinn hielt niemand für notwendig. Ein paar Schilder oder stilisierte Platzhalter für Wälder, Seen und Paläste reichten für die Fantasie des Publikums vollkommen aus.

Bei der Guckkastenbühne dagegen zielte man auf Illusion und näherte sich damit schon dem Kino an. Schiebewände auf Gleitschienen, die Kulissen hießen, verdeckten einerseits alles Technische und nicht zur Handlung Gehörige, andererseits versetzten ihre bemalten Vorderseiten als Bühnenbild die Zuschauer in das jeweilige Ambiente. Der Ausdruck »Kulisse« bezeichnete bald die Bühnenbildwände und das Verdecken des technischen Bereichs im Theater überhaupt.

Damit entstand dann auch die Redensart, die sich auf den schon erwähnten Vergleich des menschlichen Lebens mit einem Theaterspiel bezog. Schließlich begegnete man in sehr vielen Bereichen einer öffentlichen oder offen gezeigten Schauseite einer Sache und wusste gleichzeitig, dass im nicht öffentlichen und nicht gezeigten Bereich das Entscheidende oder zumindest noch sehr viel mehr ablief.

Damit gewann »der Blick hinter die Kulissen« – in anderen Sprachen »hinter den Vorhang« (portugiesisch *por detrás da corrtina*) oder »hinter die Szenen« (schottisch *ahint the scenes*) – als Sprachbild an Bedeutung, stand es doch für einen tieferen Blick und eine vollständige Erkenntnis, die sich von Blendwerk aller Art nicht täuschen lässt. Was »hinter den Kulissen« ablief, erschien gerade der Welt des 17. und 18. Jahrhunderts, in der Diplomatie, Intrige und Täuschung eine große Rolle spielten, zunehmend als das besonders Wissenswerte.

Sprachen, die diese Redensart kennen: a) hinter den Kulissen/Szenen: Albanisch, Bosnisch, Bulgarisch, Dänisch, Deutsch, Estnisch, Finnisch, Französisch, Galizisch, Griechisch, Holländisch, Italienisch, Jiddisch, Katalanisch, Kroatisch, Ladinisch, Lettisch, Litauisch, Luxemburgisch, Maltesisch, Mazedonisch, Montenegrinisch, Niederdeutsch, Norwegisch, Portugiesisch, Rätoromanisch, Rumänisch, Russisch, Schottisch, Schwedisch, Schwyzerdütsch, Serbisch, Slowakisch, Slowenisch, Sorbisch, Spanisch, Tschechisch, Ukrainisch, Ungarisch, Weißrussisch, Westfriesisch **b)** hinter den Vorhängen / dem Vorhang: Bretonisch, Isländisch, Portugiesisch.

Eine Rolle spielen

wichtig, bedeutsam sein

Die Redensart ist derartig weit verbreitet und so häufig zu hören, dass sie kaum mehr als solche wahrgenommen wird. Erst bei Nachfrage wundern sich Sprecher über die eigentliche Bedeutung von »Rolle« in dem Ausdruck.

Es handelt sich ursprünglich um einen Fachbegriff aus dem Theater, der wiederum mit den Papierpreisen zu tun hat. Die waren lange Zeit sehr hoch, weshalb man sparsam mit Papier umging. Statt also den Schauspielerinnen und Schauspielern vollständige Textbücher in die Hand zu drücken, verwendete man seit etwa Ende des 16. Jahrhunderts Papierstreifen, auf denen der jeweilige Part stand. Aus praktischen Gründen rollte man sie, denn so konnte man das gerade zu Sagende im Blick behalten, selbst wenn noch viel Text danach kam. Kein Wunder also, dass man die Papierstreifen »Rollen« nannte und bald auch den Part selbst, denn der stand ja darauf. Unbedeutende Figuren bekamen kurze Papierstreifen, also im Wortsinn und dann im übertragenen »kleine Rollen«, weibliche oder männliche Hauptdarsteller dagegen hatten »große Rollen« – auf der Bühne und in der Hand. Weit übers Bühnengeschehen hinaus führte das zur kritischen Redensart »der spielt ja nur eine Rolle«, wenn jemand sich unecht, künstlich und geziert präsentierte, statt aufrichtig und er selbst zu sein.

Die entscheidende Erweiterung kam dadurch zustande, dass das Geschehen auf der Bühne durchweg als bedeutender als das normale Leben angesehen wurde. So entwickelte sich aus dem *rol spelen* (Holländisch) eine Redensart für Bedeutsames und zwangsläufig auch eine weitere für Unbedeutendes, das eben »keine Rolle spielte«. Ach ja, *rol juegan* (Spanisch) gehört mit etwa 60 Sprachen – auch vielen außereuropäischen, in denen sie verbreitet ist, zu den erfolgreichsten Redensarten überhaupt.

Sprachen, die diese Redensart kennen: Albanisch, Baskisch, Bosnisch, Bretonisch, Bulgarisch, Dänisch, Deutsch, Englisch, Estnisch, Färöisch, Finnisch, Französisch, Friesisch, Galizisch, Griechisch, Holländisch, Isländisch, Italienisch, Jiddisch, Kaschubisch, Katalanisch, Kroatisch, Lettisch, Litauisch, Luxemburgisch, Maltesisch, Mazedonisch, Montenegrinisch, Niederdeutsch, Norwegisch, Okzitanisch, Polnisch, Portugiesisch, Provenzalisch, Rätoromanisch, Rumänisch, Russisch, Schwedisch, Schwyzerdütsch, Serbisch, Slowakisch, Slowenisch, Sorbisch, Spanisch, Tschechisch, Ukrainisch, Ungarisch, Walisisch, Weißrussisch.

Der eiserne Vorhang

die Grenze zwischen Ostblock und Westbündnis im Kalten Krieg; selten: eine absolute Grenze

Bis heute soll man in Theatern nicht auf der Bühne pfeifen. Dahinter steckt die früher sehr begründete Angst davor, dass ein defektes oder vorzeitig erloschenes Gaslicht ein Feuer auslösen könnte. Ausströmendes Gas produzierte ein feines Pfeifen, und so stürmte bei jedem Pfeifen die Feuerwehr auf die Bühne.

Weil viele Theater – ob von Gaslicht oder Kerzen erhellt – den Flammen zum Opfer fielen, erfand man bereits Ende des 18. Jahrhunderts als wichtiges Schutzelement den »eisernen Vorhang«, der auch wirklich eisern war: eine feuerfeste Schutzwand, die den technischen Bereich und den der Bühne selbst vom Zuschauerraum abtrennte. Er hieß in den meisten Sprachen exakt so, wie man am italienischen *cortina di ferro* oder am schwyzerdütschen *dr isigi Vorhang* erkennen kann.

Dass er bereits Anfang des 19. Jahrhunderts sprichwörtlich wurde für eine streng geschützte Grenze oder Abschottung, weist Wolfgang Mieder in einer Studie speziell zu diesem Ausdruck nach. Anfang des 20. Jahrhunderts schrieb dann die britische Politikerin Ethel Snowden, Russland sei *behind an iron curtain,* womit sie eine Ausgrenzung der sozialistischen Länder beschrieb. Es war also nicht, wie oft zu lesen, Winston Churchill, der den Ausdruck aus der Sphäre des Theaters in die der Politik übertrug. Gleichwohl machte seine Rede in Fulton, Missouri, zu Beginn des Kalten Kriegs am 5. März 1946 den Ausdruck erst sprichwörtlich: »Von Stettin im Baltikum bis Triest in der Adria, ging ein eiserner Vorhang über dem Kontinent nieder.«

Seit dieser Zeit geriet der Terminus technicus aus dem Theaterbau gegenüber dem außerordentlich häufigen sprichwörtlichen Gebrauch in den Medien und der Diplomatie beinahe in Vergessenheit. Die bald entstehenden massiven Grenzbauten, martialische, breite Grenzanlagen mit Stacheldraht, Selbstschussanlagen und vor allem Stahlbetonwänden verstärkten diese Entwicklung noch.

Theater und Film als Quelle

Sprachen, die diese Redensart kennen: Albanisch, Bosnisch, Bretonisch, Bulgarisch, Dänisch, Deutsch, Estnisch, Finnisch, Französisch, Griechisch, Holländisch, Isländisch, Katalanisch, Kroatisch, Lettisch, Litauisch, Maltesisch, Norwegisch, Polnisch, Portugiesisch, Rumänisch, Russisch, Schwedisch, Schwyzerdütsch, Serbisch, Slowakisch, Slowenisch, Spanisch, Tschechisch, Ukrainisch, Ungarisch, Weißrussisch, Westfriesisch.

Dolce vita

ein Leben in Genuss, Überfluss und Müßiggang

Zwar verdankt sich die Redensart Federico Fellinis Film »La dolce vita« von 1960, doch es steckt noch mehr dahinter.

Italien erlebte nach dem Ende des Zweiten Weltkriegs einen langsamen Aufschwung, der in den 1950ern plötzlich Fahrt aufnahm. In den Jahren um 1960 herum boomte die Wirtschaft, und eine vergleichsweise junge Generation Wohlhabender zeigte ohne Scham ihren Reichtum, ihren Luxus, ihr anstrengungsfreies Leben. Einige versuchten, diesen

Lebensstil zu kopieren, während proletarische wie bürgerliche Schichten ihn verachteten. Dieses Phänomen und seine Zeit nennt man in Italien *dolce vita*. Fellinis weltweit erfolgreicher Film, der auch international viele Preise bekam, übernahm die Wortkombination als Titel. Er führt fasziniert und kritisch zugleich *dolce vita* in Reinkultur vor. Größtenteils spielt der Film in Rom, das damals die Hauptstadt dieses Lebensstils war.

Die europäischen Länder hatten 1960 ohne Ausnahme mit den Folgen des Zweiten Weltkriegs zu kämpfen – wirtschaftlich und kulturell. Die bürgerlichen und nationalen Eliten propagierten alte Werte, während die junge Generation sie als fragwürdig, ja teils entwertet ansah. Insofern galt Fellinis Film kritischen Geistern als hochaktuell, und bürgerliche Kreise, die sich über die dargestellte Schicht erheben zu können meinten, faszinierte er. Beide Seiten wurden angezogen von der relativ freizügigen Darstellung des Sexuellen, wobei Anita Ekbergs Tanz in der »Fontana di Trevi« nur der Höhepunkt ist.

Der sprichwörtliche Gebrauch setzte so gut wie unmittelbar ein, mal übersetzt in die Landessprachen, mal im Original, manchmal mit »gut« statt »süß«, immer freilich – abgesehen von Italien – reduziert auf das Positive, auf pure Lebenslust, heitere Freizügigkeit, exotische Genüsse in allen Formen. Von Fellinis kritischen Absichten blieb bloß ein kleiner Rest in der sprichwörtlich gewordenen Figur des Sensationsfotografen namens Paparazzo. Nach ihm heißen seitdem alle zudringlich unangenehmen Bildreporter »Paparazzi«.

Sprachen, die diese Redensart kennen: a) in übersetzter Form: Albanisch, Bosnisch, Dänisch, Deutsch, Estnisch, Finnisch, Griechisch, Holländisch (gute), Isländisch, Jiddisch, Kaschubisch (auch »honigartige«), Katalanisch (gute), Kroatisch, Norwegisch, Polnisch, Portugiesisch, Rumänisch, Russisch, Schwedisch, Serbisch, Slowakisch, Slowenisch, Spanisch (gute), Tschechisch, Ukrainisch, Ungarisch, Weißrussisch, Westfriesisch (gut) **b)** im italienischen Original: Bulgarisch, Deutsch, Französisch, Griechisch, Italienisch, Katalanisch, Lettisch, Litauisch, Luxemburgisch, Polnisch, Russisch, Slowenisch, Spanisch, Tschechisch, Ukrainisch, Weißrussisch.

Frauen am Rande des Nervenzusammenbruchs

meist lustig-ironisch gemeinter Appell an Frauensolidarität und -empathie angesichts des alltäglichen Wahnsinns sowie ans Durchhaltevermögen

Pedro Almódovar drehte den Film »Frauen am Rande des Nervenzusammenbruchs« 1988. Er gehört zu einer ganzen Reihe weiterer Filme des Regisseurs, die mit ihrem Titel sprichwörtlich wurden. Das gilt in Spanien für »Alles über meine Mutter«, »Sprich mit ihr!« oder »Mein blühendes Geheimnis«, europaweit für »Frauen am Rande des Nervenzusammenbruchs«.

Dafür gibt es mehrere Gründe, zu denen sicher der internationale Erfolg inklusive Oscar-Nominierung des Films zählt, außerdem das Spiel mit dem klischeehaften Wortpaar »Frau-Nervenzusammenbruch«, denn die weiblichen Figuren im Film agieren zwar hochnervös, aber auch deutlich bestimmender und aktiver als die männlichen. Die Schauspielerinnen überzeugen außerdem mit einer außerordentlichen Ensembleleistung.

Der Titel allein reicht freilich schon, um eine Menge von Assoziationen freizusetzen, und lässt sich vielfältig verstehen und in vielfältiger Absicht einsetzen: kritisch, heiter, ironisch, sympathieheischend, frauenfreundlich, frauenverachtend …

Eine Überprüfung mit Hilfe von Nachschlagewerken ist bei relativ jungen Redensarten wie dieser schwierig. Ein Blick ins Internet zeigt, wie weit verbreitet in Europas Sprachen »Frauen am Rande des Nervenzusammenbruchs« ist, so sicher in Deutsch, Dänisch, Italienisch, Russisch, Schwedisch, Slowakisch, Spanisch, Ungarisch.

Ein Blockbuster sein

ein sehr erfolgreicher Film, eine sehr erfolgreiche Ausstellung, ein Medikament mit mehr als einer Milliarde Dollar Jahresumsatz

Mitten im Zweiten Weltkrieg entstand der Ausdruck »Blockbuster«. So nannte die englische Presse ab 1942 spezielle Bomben der Royal Air Force, in Deutschland »Luftminen« genannt. Es handelte sich um gewaltige Sprengkörper mit einem Gewicht von 4000 englischen Pfund –

etwa 1,8 Tonnen – aufwärts. *Blockbuster* nannte man sie, weil ihre ungeheure Druckwelle Häuser in einem Umkreis bis zu 100 Metern zerstörte oder schwer beschädigte. In noch größerem Radius rissen die »Wohnblockknacker« Türen und Fenster heraus und deckten Dächer ab. Das schuf optimale Bedingungen für die nachfolgenden Brandbomben.

Ebenfalls 1942 bezeichnete wiederum die englische Presse und dann auch vereinzelt die Werbung erfolgreiche Bühnenstücke als *Blockbuster*. Der Grund dafür lag auf der Hand, benutzten doch Theaterkreise in Europa längst »Bombe-«, »bombig« oder *bombastic* als Steigerungs- und Superlativ-Vokabeln, etwa beim »Bombenerfolg« oder der »Bombenrolle«. Da passte die größte Bombe der Zeit als nochmalige Steigerung. Früh dachte man außerdem an Schlangen von Besuchern, die rund um den Block reichten, aber das war sekundär.

Ab den Fünfzigern wurde der Ausdruck dann mehr und mehr sprichwörtlich für sehr teure, technisch aufwendig produzierte Filme mit Staraufgebot, von denen man eine – im übertragenen Sinn – ähnlich gewaltige Wirkung wie die der Riesenbomben erhoffte. Das ist bis heute die wichtigste Bedeutung der Redensart. Es gibt auch das Gegenteil: Ein Film, der extreme Verluste verursacht, wird »Box Office Bomb« genannt.

Ende des vorigen Jahrhunderts übertrug man dann »ein Blockbuster sein« auch auf Medikamente, die über eine Milliarde Dollar Umsatz im Jahr generieren. Der Ausdruck bezeichnet seitdem nur noch außergewöhnlichen Erfolg. So liest man seit einiger Zeit auch von Ausstellungen mit extrem vielen Besuchern, es seien »Blockbuster-Ausstellungen«, obwohl sie keine Großbomben zeigen.

Die Redensart ist – bis auf die sehr kleinen Sprachen – europaweit verbreitet. Überprüft für: Deutsch, Dänisch, Englisch, Französisch, Griechisch, Holländisch, Italienisch, Russisch, Schwedisch, Slowakisch, Ukrainisch

Weitere Redensarten und Sprichwörter aus dem Bereich Theater und Film:

Theater/Komödie spielen / etwas vorspielen
ein Protagonist sein
eine Drama-Queen sein
eine Diva sein (ursprünglich Oper)
im Rampenlicht stehen
im Hintergrund /Vordergrund sein
Lampenfieber/Bühnenangst haben
der letzte Vorhang
Das Spiel ist aus.
ein Vor-/Nachspiel sein/haben
Sein oder nicht sein
ein Star/Starlet/Sternchen sein
etwas auf die Leinwand bringen
Lizenz zum Töten
Mein Name ist Bond, James Bond.
gerührt, nicht geschüttelt

Eine schweißtreibende Art von Mord

Sport und Spiel als Quelle sprichwörtlicher Redensarten in Europa

Sport und Spiel sind eng verwandt und gehen oft ineinander über. Längst ist beispielsweise das Schachspiel als Sport anerkannt. Oft liegt es nur an der Intensität der Ausübung, ob man von Sport oder Spiel spricht. Außerdem soll man den Sport auch mal spielerisch nehmen und im Spiel sportlich bleiben.

Erstaunlicherweise gibt es im Bereich »Spiel und Sport« viele Parallelen zwischen der Situation heute und der Antike, denn schon bei den alten Griechen wurde Doping kritisiert, starben Sportler an Überanstrengung, schlug man sich um Plätze in den Stadien, während Schiedsrichter versuchten, die Aura und das Weihevolle, die Regeln und die Fairness zu bewahren, wenn sie nicht gerade bestochen waren.

Man muss nur daran denken, dass für das antike Griechenland eine Veranstaltung wie die Olympischen Spiele ähnlich international wirkte wie auf uns die heutigen, nahmen doch viele Klein- und Stadtstaaten teil, die für die Griechen die »Welt« ausmachten; der Rest – das waren doch nur Barbaren.

Selbst die Philosophen diskutierten über Spiel und Sport, Könige wie Handwerker wollten die Namen der Sieger bei den Wettkämpfen wissen. Geschicklichkeits-, Strategie- oder Glücksspiele waren sehr verbreitet – bereits kleine Kinder spielten sie.

Das Prinzip des Wettbewerbs prägt beide Bereiche und verbindet sie – sei es Fußball, Halma, Diskuswerfen, Dame, Boxen, der sprichwörtliche Marathon oder Monopoly. Solch ein Kampf um die besten Positionen gleicht dem menschlichen Leben, was Sport und Spiel zu einem idealen Reservoir für sprichwörtliche Redensarten macht. Denn das Leben gleicht ja wirklich einem Dauerlauf mit kurzen Zwischensprints. Niedergeschlagenheit kommt im Ring wie im Leben vor. Regeln gibt es hier wie dort, Regelbrecher erst recht. Ach ja, die Kritik an Spiel und – avant la lettre – Sport hat sicher an die 2500 Jahre auf dem Buckel. Lediglich die Sport- und Spielarten sowie ihre Namen entwickelten sich natürlich weiter und vermehrten sich, gerade die populären. Platon oder Herodes spielten keinen Fußball, Tutanchamun und Cäsar kein »Minecraft«. Zwischen den Wagenrennen im »Circus Maximus« und denen in Le Mans besteht dagegen nur ein gradueller Unterschied.

Ein Feld, das leider ausgespart werden muss, ist das der Videospiele, da deren Entwickler und Spieler zwar in vielen Ländern kreativ tätig sind, aber ihr Fachvokabular wegen des internationalen Austauschs durchweg englisch ist, was dann auch die sprichwörtlichen Redensarten betrifft. Ein Beispiel ist das zur Vorsicht mahnende Sprichwort *The cake is a lie* oder das geflügelte Triumphwort *All your bases are belong to us*. Fragen Sie eine Gamerin ihres Vertrauens, die es Ihnen erläutern wird.

Schach bieten / jemanden schachmatt setzen

Widerstand leisten / jemanden herausfordern, jemanden ausschalten/ kaltstellen

Die Schach-Schlacht auf 64 schwarzen und weißen Feldern fasziniert seit sehr langer Zeit alle Welt. Nicht nur, aber gerade auch in den europäischen Sprachen entwickelten sich aus dem »königlichen Spiel« gleich mehrere Redensarten, die hier ausnahmsweise zusammen behandelt werden.

Im Ursprungsland Indien nannte man die Hauptfigur des Brettspiels *radsch* oder *radschan*, was »König« bedeutete. Im Altpersischen übersetzte man das Wort ca. 600 nach Christus bei der Übernahme des Spiels wörtlich mit der Herrscherbezeichnung *Shah*, gesprochen »Schach«.

Zu Zeiten der Kreuzzüge lernten die Europäer das Spiel von den Arabern kennen, welche die wichtigste Figur ebenfalls *Schah* nannten. Und sie riefen bei deren Bedrohung die Warnung *schah!* aus oder *asch-schah!* Das beeinflusste alle Bezeichnungen im Abendland, ob »Schach« in deutschsprachigen Ländern, *scacco* in Italien, *échecs* in Frankreich oder *skak* im Dänischen.

Auch im Spanischen benutzt man die Wörter aus persisch-arabischen Wurzeln für das Mattsetzen, nämlich *jaque mate*. »Schachmatt setzen«, italienisch *dare scacco matto*, war ab dem Hohen Mittelalter auch die erste der in praktisch allen europäischen Sprachen verwendete Schach-Redensart. Außerhalb des Spiels verwendete man sie in der Bedeutung jemanden »ausschalten«, »kaltstellen«, »handlungsunfähig machen«. Danach verbreiteten sich weitere Redensarten wie »jemandem Schach bieten«, französisch *faire échec,* als eine Art von Widerstandleisten oder Herausforderung. Auch außerhalb der Profispielerkreise kennt man europaweit vor allem in der Politik das Postentauschen unter dem französischen Terminus »Rochade« – oder dem jeweiligen nationalsprachlichen Schachfachausdruck – und das bemitleidenswerte »Bauernopfer«, englisch *pawn sacrifce*, das als Untergebener seinen Posten schuldlos räumt, damit ein Vorgesetzter es nicht tun muss.

Bei weiteren Termini kann man nur schwer entscheiden, wie häufig sie im übertragenen Sinn abseits des Schachbretts verwendet werden, so die Regel »berührt, geführt« oder der Ausdruck »Endspiel«. Dagegen kennt man sowohl in Politik wie in Wirtschaft und Sport die »Pattsituation« oder »das Patt« als Redensart für eine Lage, in der niemand gewinnen kann, in der eine Balance der Kräfte herrscht oder in der man sich ohne Aussicht auf Fortschritt festgefahren hat.

Den Nagel auf den Kopf treffen

etwas prägnant, treffend formulieren, den Kern einer Sache erfassen

Im Deutschen weist die schöne Doppelformel »Ziel und Zweck« auf den Ursprung der Redensart hin, die mit Hammer und Nagel in ganz anderer Weise verbunden ist, als man glaubt.

Es geht hier nämlich um den altehrwürdigen Schießsport. Vereine, in denen man ihn üben kann, gründete man in Europa vor 500, 700 oder noch mehr Jahren. Seit dem späten Mittelalter veranstalteten Gilden Schützenfeste und Schießwettbewerbe, bei denen Armbrust, Pfeil und Bogen und ab dem 16. Jahrhundert dann auch frühe Schießprügel zum Einsatz kamen.

Zielscheiben befestigte man damals mit einem Pflock bzw. Holznagel in der Mitte, den man in deutschsprachigen Ländern »Zweck« nannte. Unsere Reißzwecke ist damit verwandt. Den Zweck galt es zu treffen, weshalb sich aus der sehr handfesten Holzbefestigung ein eher abstrakter Begriff entwickeln konnte, der den Sinn einer Sache beschreibt. »Ziel und Zweck« erschließt sich damit als eine Redensart, die zwei Begriffe für dieselbe Sache verbindet, und »den Nagel auf den Kopf treffen« als Ausdruck für eine zielgenaue Bemerkung.

Die Verbreitung der Redensart in Europa wie im Englischen *to hit the nail on the head*, im Finnischen *osua naulan kantaan* oder im Spanischen *dar en el clavo* weist darauf hin, dass die Art der Zielscheibenbefestigung sich lange Zeit ähnelte. Ab dem 17. Jahrhundert spätestens kamen dann auch Zielscheiben mit schwarzen Treff-Punkten im Zentrum auf, denen sich die Redensart »ins Schwarze treffen« verdankt.

Da der Schießsport-Hintergrund in Europa recht unbekannt ist, stellen sich heutzutage die meisten Sprecher vor, es gehe bei »den Nagel auf den Kopf treffen« um geschicktes Hämmern.

Sprachen, die diese Redensart kennen: Albanisch, Bretonisch, Dänisch, Deutsch, Estnisch, Faröisch, Finnisch, Holländisch, Irisch, Isländisch, Kroatisch, Lettisch, Luxemburgisch, Maltesisch, Niederdeutsch, Nordfriesisch, Norwegisch, Schwedisch, Schwyzerdütsch, Slowakisch, Slowenisch, Sorbisch, Spanisch, Tschechisch, Ungarisch, Westfriesisch.

Der Schlag unter die Gürtellinie und andere Boxredensarten

ein unfairer Angriff, eine bösartige, gemeine, unfaire Aktion

Wer bei den Olympischen Spielen vor 2700 Jahren einem Faustkampf verfolgte, sah Blut, denn es existierten so gut wie keine Regeln. So etwas wie eine Vorform des Boxhandschuhs gab es dann in der römischen Antike, als die Kämpfenden sich Lederriemen um die Fäuste schlangen; die sprichwörtlichen »harten Bandagen« führt man darauf zurück.

Waren die Gegner ähnlich stark, schlugen sie übrigens schon mal Stunden aufeinander ein.

Erst in England entstand aus dem archaischen Faustkampf der Boxsport, wobei auch hier Kontrahenten anfangs nur mäßig geschützt waren und Kämpfe bis zur totalen Erschöpfung von Boxern und Publikum dauern konnten. Immerhin verbot 1743 Jack Broughtons Regelwerk weitere Hiebe gegen einen am Boden Liegenden sowie die äußerst schmerzhaften Tiefschläge! Diese definierte man 1843 in den »London Prize Ring Rules« dann klug und klar als *blows below the waistband*, wobei das *waistband* ein damals sehr übliches Kleidungsstück war, das die Boxer etwas oberhalb des Nabels trugen, um die Hosen oben zu halten. Diese Regel schützte die *private parts* des Boxers, wie man in England verhüllend sagt. Bald hieß dieser verbotene Schlag auch *a blow below the belt*, was eine schöne B-Reihe im Englischen ergibt.

Dass der Boxsport von den britischen Inseln aus die Welt eroberte, erkennt man schon an all den europäischen Redensarten in denen »k. o.« in unterschiedlichen Schreibweisen vorkommt. Klar, das ist die Abkürzung von *knock out*, das ebenfalls in vielen Sprachen wie dem Holländischen als *knock out slaan* vorkommt, dazu im Italienischen, Slowakischen oder Spanischen als Lehnwort. Das Boxen als Sinnbild des Lebens ließ in den meisten Sprachen weitere sprichwörtliche Redensarten entstehen. Man denke nur daran, dass einer »seinen Hut in den Ring wirft«, man sich manchmal »durchboxen« muss, sich »mit jemandem im Clinch« befindet, jemand »ein Sparringspartner« ist, dass man versucht noch den »rettenden Gong« zu hören, ehe jemand »das Handtuch wirft«.

Selbst der sprichwörtliche Begriff des »Fairplay« verdankt sich – vor Erfindung des Fußballs – zumindest auch dem Faustkampf, der nicht *foul*, sondern *fair* ablaufen sollte. Die Boxregeln von 1843 klassifizierten viele Aktionen explizit als *foul*, so u. a. das Bohren und Reißen mit den Fingern am Körper des Gegners und das Beißen.

Im 19. Jahrhundert, genauer gesagt 1891, stößt man dann auf die erste schriftliche Erwähnung des *blows below the waistband* im sprichwörtlichen Sinn in England und bald in ganz Europa. In manchen Sprachen verkürzte sie sich auch zu »das ist ein Tiefschlag«, so im Deutschen, aber auch im Bosnischen, Italienischen *(un colpo basso)*, Katalanischen, Montenegrinischen, Portugiesischen und Spanischen.

Sport und Spiel als Quelle

Sprachen, die diese Redensart kennen: Albanisch, Baskisch, Bulgarisch, Dänisch, Deutsch, Englisch, Estnisch, Färöisch, Finnisch, Französisch, Friesisch, Griechisch, Holländisch, Irisch, Isländisch, Kroatisch, Lettisch, Litauisch, Luxemburgisch, Maltesisch, Mazedonisch, Niederdeutsch, Norwegisch, Polnisch, Rumänisch, Russisch, Schwedisch, Schwyzerdütsch, Slowakisch, Slowenisch, Tschechisch, Ukrainisch, Ungarisch, Weißrussisch.

Auf der Zielgeraden sein

sich kurz vor dem Erfolg/Abschluss befinden, letzte Kräfte mobilisieren

Wettrennen gehören zu den ältesten Sportarten überhaupt. Der Begriff »Stadion« für unsere Sportarenen verdankt sich einer Längenangabe im antiken Griechenland, die genauso hieß und 600 Fuß lang war. Da die Maßeinheit »Fuß« von Ort zu Ort etwas anders definiert wurde, konnte auch die Längenangabe »ein Stadion« etwas über 150 oder knapp 200 Meter bedeuten. Der Lauf über die Länge von einem Stadion war so beliebt, dass man feste Strecken mit Zuschauertribünen mit diesem Maß baute, beispielsweise in Olympia. So ein Sportplatz bekam dann einfach den Namen der Laufeinheit: »Stadion«.

Die Stadien des antiken Griechenlands wie das in Olympia erstreckten sich einfach und gerade. Anders war das bei den römischen Arenen – übrigens nach dem lateinischen Wort *arena* für »Sand« – für Pferderennen u. Ä., die dafür Rundkurse boten. Aus ihnen und Amphitheatern wie dem Kolosseum in Rom entwickelten sich unsere modernen Stadien, die immer noch mit Ovalkursen als Rennbahnen ausgestattet sind.

Erst mit der modernen Sportberichterstattung im 20. Jahrhundert – vor allem im Rundfunk und später im Fernsehen – entwickelte sich die Redensart »auf der Zielgerade sein« im Zusammenhang mit der Etablierung des Fachbegriffes für die letzte Gerade vor dem Ziel, die im Englischen *home straight*, *home stretch* oder *finishing straigt* heißt.

Die spannendsten Dramen fanden auf diesem letzten Streckenabschnitt statt, weshalb sich die Reporter besonders auf ihn konzentrierten. Hier – das Ziel und die Konkurrenten vor Augen – mobilisierten die Läufer, Pferde, Rennwagenfahrer die letzten Kräfte und ein Sturz oder Unfall wirkte besonders tragisch.

Kein Wunder, dass man parallel dazu den Ausdruck pädagogisch verwendete, um in allerlei anderen Bereichen Menschen ebenfalls zu einer äußersten Kraft- und Konzentrationsanstrengung zu motivieren. Binnen kurzer Zeit zeigte sich die sprichwörtliche Verwendung in ganz Europa.

Sprachen, die diese Redensart kennen: Albanisch, Bosnisch, Bretonisch, Bulgarisch, Dänisch, Deutsch, Finnisch, Französisch, Griechisch, Italienisch, Katalanisch, Lettisch, Litauisch, Luxemburgisch, Mazedonisch, Polnisch, Portugiesisch, Rumänisch, Russisch, Schwedisch, Serbisch, Slowakisch, Slowenisch, Spanisch, Tschechisch, Ukrainisch, Ungarisch, Weißrussisch.

PS: Mit den äußerst populären Autorennen verbreitete sich auch sprichwörtlich »auf der Poleposition sein« oder »die Poleposition einnehmen«. Die Redensart verdankt sich ursprünglich dem Pferderennsport. Der wurde in England zwar nicht erfunden – schließlich ritten die alten Griechen schon so manche Mähre zuschanden –, aber er wurde dort schon im 19. Jahrhundert zur Massenbelustigung. Eine Pferderennbahn sah damals meist so aus, dass ein hölzernes Geländer auf einem weiten und ebenen Rasenplatz ein Oval markierte. Um das herum rannten die Pferde.

Vor Rennbeginn loste man um die besten Startplätze. Der Glücklichste durfte »die Poleposition einnehmen«. Die hieß so nach dem Pfosten des Innengeländers, der auf Englisch *pole* heißt. Da es keine Ausgleichsstrecken wie beim modernen Laufwettkämpfen gab und alle in einer Reihe nebeneinander starteten, lief dieses Pferd auf der vorteilhaften, weil kürzeren Innenbahn. Die Übertragung auf die beste Startposition beim Motorsport ergab sich zwanglos, weil die zuerst auf Pferderennbahnen ihre Wettfahrten austrugen und auch später noch deren Holzgeländer übernahmen.

Sprachen, die diese Redensart kennen: in Sport- und Wirtschaftskreisen allgemein üblich, darüber hinaus überprüft für Deutsch, Englisch, Französisch, Holländisch, Italienisch, Norwegisch, Rumänisch, Schwyzerdütsch, Slowakisch, Slowenisch, Ukrainisch.

Sport und Spiel als Quelle

Ein Eigentor schießen und weitere Sprichwörtlichkeiten aus dem Fußball

Sich selbst oder der eigenen Sache ungewollt / unbedacht schaden

Spieler bezahlt man heutzutage nach den Wirtschaftsbossen am besten, Schauspieler nämlich und Football-, Basketball-, Fußballspieler. Gerade das Fußballspiel, das von England im 19. Jahrhundert seinen rasanten Aufstieg zum beliebtesten Sport auf dem Kontinent antrat, sorgte im 20. Jahrhundert für eine Fülle an sprichwörtlichen Redensarten. Das liegt natürlich an seiner Popularität, gleichzeitig daran, dass viele Spielzüge und Einsatzarten wie ein Spiegelbild unserer Alltagsauseinandersetzungen wirken.

In praktisch allen europäischen Sprachen kennt man »die gelbe Karte« als Warnungsredensart, »die rote Karte« als Ausdruck völliger Ablehnung. Ähnlich beliebt sind stehende Wendungen wie die vom »Doppelpass«, den man mit jemandem spielt, von der »Steilvorlage«, die man jemandem gibt, oder von der »Standardsituation«. Und wenn man ausdrücken will, dass der andere nun am Zug sei, sagt man, dass »der Ball in der Hälfte des Gegners« sei.

Wenn zuweilen behauptet wird, diese stehenden Wendungen seien relativ jung, so stimmt das zwar, aber im Bereich der Umgangssprache hört man sie schon mindestens seit den 1950er-Jahren.

Für das Deutsche gilt das definitiv für die Redensart »ein Eigentor schießen« (russisch *sabit' gol v svoi vorota,* italienisch *fare un autogol,* spanisch *meter un autogol*). Wem es einmal auf dem Fußballplatz unterlaufen ist, der kennt die peinlichen Empfindungen danach, selbst wenn es rein zufällig geschehen ist. Auf modernen Anzeigentafeln steht man bloßgestellt in der Reihe der gegnerischen Torschützen. Und wie will man den Verdacht ausräumen, gekauft worden zu sein und das Eigentor im gegnerischen Auftrag geschossen zu haben?

Die Parallelen zu Situationen im Alltag oder im Beruf lassen sich leicht ziehen. Manch ein Dienst erweist sich da als ein Bärendienst, manch eine Verteidigung erreicht nur eine Verschlechterung der Stellung und oft reißt jemand, der in die Bresche springt, dabei eine ganze Mauer ein.

Sprachen, die diese Redensart kennen: Albanisch, Bulgarisch, Dänisch, Deutsch, Estnisch, Finnisch, Französisch, Griechisch, Holländisch, Italienisch, Kroatisch, Lettisch, Litauisch, Luxemburgisch, Maltesisch, Norwegisch, Obersorbisch, Polnisch, Schwedisch, Serbisch, Spanisch, Portugiesisch, Rumänisch, Russisch, Slowenisch, Tschechisch, Ukrainisch, Ungarisch, Weißrussisch, Westfriesisch.

Weitere sprichwörtliche Redensarten aus Sport und Spiel, die in Europa populär sind:

- übers Ziel hinausschießen
- aufs richtige Pferd setzen/wetten
- ein Rennen gegen die Zeit
- einen/den letzten Trumpf ausspielen
- einen Fehlstart hinlegen
- Time-out bzw. Auszeit nehmen
- mit etwas ringen
- ein Hindernislauf sein
- ein Marathon sein
- ein Ass / einen Trumpf im Ärmel haben
- ein Kartenhaus sein / wie ein Kartenhaus zusammenfallen
- Gott würfelt nicht.
- ein Fotofinish sein
- ein Kinderspiel sein

Chinesisch, Spanisch, Volapük
Über die Fülle des Unverständlichen

»Barbaren« nannten die alten Griechen alle Völker, die nicht ihre Sprache sprachen. Das Wort ahmte spöttisch das unverständlich und grob klingende Gestammel der Fremden nach, die man als unzivilisiert verachtete. Kultiviert galt den Griechen nur die eigene Kultur und Sprache. Zu dieser Auffassung passt die Bezeichnung für Deutsche in slawischen Sprachen – beispielsweise *nemec* im Tschechischen. Sie geht auf das Adjektiv für »stumm« zurück: Wer kein Tschechisch kann – wie die meisten Deutschen –, den verspottet man eben gleich als sprechunfähig.

Das Modell ist weit verbreitet: Die eigene Sprache ist schön, gut, wahr, andere Sprachen wirken lächerlich und unverständlich. »Auf gut Deutsch gesagt«, heißt dementsprechend »in aller Deutlichkeit«, »mit Nachdruck«, »rücksichtslos ehrlich gesagt«. Solche Wendungen existieren analog in weiteren Sprachen, so beispielsweise *in plain English, in goed Hollands, en bon français, in buon Italiano, selkeällä suomen kielellä* (Finnisch), *se aplá Elleniká* (Griechisch) oder *in 't schoon Vlaams* (Flämisch).

Sinnbild für das vollkommen Fremde war und ist sehr oft das Chinesische. Mit dem Fernhandel des späten Mittelalters kamen Kenntnisse über das Reich der Mitte nach Europa. Man beschrieb es als außergewöhnlich exotisch, fremd und geheimnisvoll – und seine Sprache erst recht. Deshalb steht das Chinesische in zahlreichen Sprachen für das Unverständliche, so im Albanischen, im Asturischen, Estnischen, Französischen, Griechischen, Holländischen, Lettischen,

Polnischen, Portugiesischen, Rumänischen, Russischen – wo es um die Unverständlichkeit chinesischer Schriftzeichen geht –, Serbischen, Spanischen, Ukrainischen, Ungarischen, ach ja und im Deutschen. Da gibt es ja den Ausdruck »Fachchinesisch« für die unverständliche Ausdrucksweise von Spezialisten und manchmal die gereizte Nachfrage, wenn man sich nicht verstanden fühlt: »Spreche ich Chinesisch?« Und *cuentos chinos* sagt man im Spanischen zu Lügengeschichten.

In England verstünde dafür niemand *that sounds Chinese to me*. Dort ist das ein unbekannter Ausdruck. Vielmehr sagt man *that sounds Greek to me* oder *that's Double Dutch*. Dabei bezieht sich der erste Ausdruck auf das Altgriechische. Gelehrte ohne entsprechende Kenntnisse schrieben schon im Mittelalter bei griechischen Passagen: *Graecum, non legitur*, also: »Das ist Griechisch, wird nicht gelesen.« Holländisch, *Dutch*, bietet Engländern neben vielen ähnlichen und gleichen Wörtern auch viele »falsche Freunde«, also ähnlich klingende, aber etwas anderes bedeutende Wörter, und noch mehr unverständliche Wörter. Wenn sie wirklich nur noch Bahnhof verstehen, sagen sie folgerichtig *It's all double Dutch to me*.

Für vollkommen Unverständliches müssen in anderen Ländern die Bibelsprachen Aramäisch und Hebräisch herhalten, so im Finnischen, Französischen, Isländischen oder Portugiesischen. Im Dänischen steht für das Unverständliche gar die Kunstsprache Volapük, die ja wirklich für die meisten ganz fremd ist.

Wenn einem hierzulande etwas »spanisch« vorkommt, meint das hingegen etwas anderes. »Spanisch« bedeutet hier vor allem »merkwürdig« oder »nicht ganz koscher« – was mit der starken Präsenz von Spaniern im Deutschen Reich vor allem im 17. Jahrhundert zu tun hat, deren Gebaren und Sprache man als unangenehm fremd empfand. Für »unverständlich« stehen weit mehr die »böhmischen Dörfer«, die übrigens in Böhmen und anderen slawischsprachigen Ländern »spanische Dörfer« heißen und in Dänemark »ein Ort in Russland«. Für Deutschsprechende des 17. Jahrhunderts klangen die Namen böhmischer Dörfer seltsam und selten kannte man sie. Das gilt für Dänen und die russischen Orte genauso, für Tschechen, Kroaten, Makedonen, Serben und Slowaken für spanische Provinzorte.

Die Liste mit Ausdrücken, die nach ähnlichen Modellen gebaut sind und in weiteren Sprachen wie Patagonisch, Hindi, Türkisch oder Tsche-

Über die Fülle des Unverständlichen

chisch für alles Unverständliche verwendet werden, ließe sich problemlos verlängern.

PS: Der chinesische Text in der Sprechblase auf Seite 135 ist ein Sprichwort: »War es nicht ein Glück, dass dem alten Mann an der Grenze das Pferd davonlief?« Es fordert dazu auf, nicht vorschnell zu urteilen. Dahinter steckt die Geschichte eines alten Mannes, der nur einen Sohn und ein Pferd hat. Eines Tages ist das Pferd verschwunden. Ein Nachbar sagt: »Euer Pferd ist fort! Was für ein Unglück!« Der alte Mann antwortet: »Wer weiß, ob es nicht ein Glück ist.« Eine Zeit später kommt sein Pferd wieder und bringt eine herrenlose Stute mit. Der Nachbar sagt: »Was für ein Glück!« Der alte Mann antwortet: »Wer weiß, ob es nicht ein Unglück ist.« Da will der Sohn das neue Pferd reiten, fällt aber herunter und bricht sich das Bein. Der Nachbar sagt: »Was für ein Unglück!« Der alte Mann antwortet: »Wer weiß, ob es nicht ein Segen ist.« Einige Zeit später müssen alle jungen Männer in den Krieg ziehen, nur nicht der Sohn des alten Mannes. Sein Bein war vom Sturz verkrüppelt.

Verteilung der Redensart in Europa:

Das ist Chinesisch für mich (Deutsch, Estnisch, Französisch, Griechisch, Lettisch, Litauisch, Niederländisch, Polnisch, Portugiesisch, Rumänisch, Russisch, Serbisch, Spanisch, Ukrainisch, Ungarisch), Deutsch (Italienisch), Griechisch (Englisch, Norwegisch, Portugiesisch, Schwedisch), Aramäisch (Italienisch, Spanisch), Doppelniederländisch (Englisch), Hebräisch (Französisch, Isländisch), Arabisch (Italienisch), Patagonisch (Bulgarisch), Spanische Dörfer / Landschaft / kommt mir Spanisch vor (Dänisch, Kroatisch, Mazedonisch, Serbisch, Slowakisch, Slowenisch, Tschechisch), (reine) Volapük (Dänisch), eine Stadt in Russland / russisch (Dänisch, Französisch), Türkische Rede / Bist du Türke? (Jiddisch, Polnisch, Rumänisch)

IV. Europa bei den Hörnern packen!

Ein kurzes Nachwort

1838 erschien Ernst Adolf Willkomms Buch »Die Europamüden« mit dem Untertitel »Ein modernes Lebensbild«. Das klingt doch wie eine aktuelle Neuerscheinung.

Gegen Europamüdigkeit soll dies Buch hier ein freundlicher, heiterer Weckruf sein. Auf einen Satz verkürzt, lautet er: »Packt Europa bei den Hörnern!« Ich liebe ab und zu schiefe Bilder, weil sie erheitern und produktiv verwirren können. Ein wenig stimmt es sogar, denn Zeus setzte Europa Hörner auf, wenn man diese Wendung mal geschlechtervertauscht gebrauchen darf. Der Göttervater packte einfach jede Gelegenheit beim Schopf.

Die Gelegenheit, der Stier, die schöne Reiterin Europa stehen stellvertretend für die bunte Schar Hunderter sprichwörtlicher Redensarten, die das gemeinsame Erbe Europas sind. Ich wünschte mir, dass Sie im Alltag davon angeregt sind und beginnen, ihre Fremdsprachenkenntnisse aufzufrischen. Mit den hier erwähnten sprichwörtlichen Redensarten hätten Sie schon mal eine gute Basis. Friedrich Rückert, der sich mit 44 (!) Sprachen lehrend, übersetzend und dichtend beschäftigte, meinte einmal: »Mit jeder Sprache, die du erlernst, befreist du einen bis daher in dir gebundenen Geist.«

Wenn Sie dann noch einige der hier ausgebreiteten Sprichwort-Geschichten behalten hätten, könnten Sie damit bei jedem Smalltalk auftrumpfen – ob in Tirana, Sofia, Brindisi, Warschau, Edinburgh, Rejkjavik, Göteborg, Lahti, Tallin, Salamanca, Concarneau, Graz, Poltawa, Klausenburg, Dubrovnik, Cheb, Gent, Leiden, Viseu oder Delphi.

Die Geschichten hinter unseren Redensarten haben meinen Blick auf Europa erweitert. Ich erkenne sie als Teile eines soliden Fundaments, von dem das »gemeinsame Haus Europa« ohne Frage mächtig profitiert.

Ein großer und gewitzter Europäer war Heinrich Heine, der den Begriff »die Europamüden« prägte. Als Meister der Ironie drückte er damit gleichzeitig Überdruss an den bestehenden Verhältnissen aus und eine Hoffnung, dass man sie verändern könnte. Diese Hoffnung schlummert vielleicht noch in Pandoras Büchse, die ich gern – wie einige antike Interpreten – als Gefäß für Geschenke sehen will. Was da wohl noch alles drin stecken könnte? Ich bin neugierig.

Wenn dieses Buch in Ihnen, liebe Leserin, lieber Leser, eine ähnliche Neugier ausgelöst hätte, wäre ich im siebten Himmel – übrigens eine Redensart, welche die meisten Sprachen des Kontinents kennen. Die Wolke neun gehört auch dazu.

Dank

Ohne die Mithilfe zahlreicher Expertinnen und Experten sowie kundiger Muttersprachler Europas wäre das Buch in dieser Form unmöglich gewesen, weshalb ich Ihnen meinen großen Dank ausspreche: Magdalena Alonso, Natalja Barabanova, Katja Bradač, Matthias D. Borgmann, Christoph Brumme und seine Freunde Olena, Pascha und Vlad, Markus Bundi, Anne von Canal, Barbara Dicker, Daniela Fioravanti, Zsuzsana Ghase, Ulrike Grafberger, Zoltán Gyalókay, Regina Hanemann, Markus Hörsch, Viera Janárčeková, Margarete Jung, Hans Kurz, Marilena Lambrou, Oleg Maximov, Anne Meissonnier-Rose, Wolfgang Mieder, Ilse Nagy, Margherita Nardi, Sabine Neumann, Wassilij Nikitin, Jesus Perez, Carmen Elisabeth Puchianu, Rainer Scheick, Birte Schlörholz, Gerald Schmickl, Tom Seidel, Franz Tröger, Daniela Vladu, Gerhild Wächter, Astrid Zuidema.

Literaturverzeichnis

Grundlegend waren wieder einmal Wolfgang Mieders ungezählte Untersuchungen, die Zeitschrift »Proverbium« sowie Speziallexika und Wörterbücher zur – auch historischen – Idiomatik, die ich hier wegen der Menge nicht nennen kann. Für Bibelzitate habe ich die Lutherübersetzung von 2017 verwendet.

Aesop: Fabeln. Griechisch/Deutsch. Übersetzt von Thomas Voskuhl. Stuttgart 2005.

Sarah Altmann et al. (Hg.): Lebt denn der alte Bruegel noch? Pieter Bruegels »Die niederländischen Sprichwörter« (1559) im heutigen Europa. Greifswald 2013.

Dmitrij Dobrovol'skij / Elisabeth Piirainen: Figurative Language: Cross-Cultural and Cross-Linguistic Perspcectives. Amsterdam et al. 2005.

Duden: Redewendungen. Redewendungen der deutschen Idiomatik. 4. Auflage. Berlin 2013

Literaturverzeichnis

Duden: Wer hat den Teufel an die Wand gemalt? Redensarten – Wo sie herkommen, was sie bedeuten. 5. Auflage. Berlin 2018

Erasmus von Rotterdam: Opera omnia. Tomus secundus. Complectens Adagia. Leiden 1703. [Reprint: Hildesheim 1961]

Ders.: Adagia. Vom Sinn und vom Leben der Sprichwörter. Hg. von Theodor Knecht. Zürich 1985.

Wolf Friedrich: Moderne deutsche Idiomatik. Systematisches Wörterbuch mit Definitionen und Beispielen. München 1966.

Ralph Keyes: The Quote Verifier. Who said what, where, and when. New York 2006.

Jean de Lafontaine: Fabeln. Übersetzt von Theodor Etzel. Berlin 1923.

Lexikon der Redensarten. Herkunft und Bedeutung deutscher Redewendungen. Hg. von Klaus Müller. München 2005.

Wolfgang Mieder: Der Froschkönig: Das Märchen in Literatur, Medien und Karikaturen. Wien 2019.

Gyula Paczolay: European Proverbs in 55 Languages. Hobart 2002.

Elisabeth Piirainen: Widespread Idioms in Europe and Beyond. Towards a Lexicon of Common Figurative Units. Vol. I, New York et al. 2012, Vol. II, New York et al. 2016.

Lutz Röhrich: Lexikon der sprichwörtlichen Redensarten. Freiburg 2003.

Karl Friedrich Wilhelm Wander: Deutsches Sprichwörter-Lexikon. Ein Hausschatz für das deutsche Volk. Leipzig 1866–1880. [In verschiedenen Nachdrucken erhältlich und im Netz zu finden unter www.zeno.org]

Register

A

sich etwas abschminken **78**
Achillesferse **14**
im Adamskostüm **20**
ad fontes **32**
Alea iacta est! **71, 105**
Argusaugen haben **16, 26**
jemanden mit Argusaugen bewachen **16**
ein Ass in etwas sein **77**
Audiatur et altera pars. **41**
etwas wie seinen Augapfel hüten **22**
mit einem lachenden und einem weinenden Auge **63, 93**

B

mit harten Bandagen kämpfen **129**
Bauernopfer **128**
ein Blockbuster sein **123**
böhmische Dörfer **136**
das Boot ist voll **56**
im selben Boot sitzen **56**
jemanden boykottieren **113**
Bretter, die die Welt bedeuten **117**
unser täglich Brot **34**
Buch mit sieben Siegeln **33**
die Büchse der Pandora (öffnen) **16**

C

ein Gang nach Canossa sein **107**
nach Canossa gehen **107**
Der diskrete Charme der Bourgeoisie **117**
Chinesisch sprechen **136**
mit jemandem im Clinch sein **130**
close up **117**

D

ein Damoklesschwert sein **27**
auf gut Deutsch gesagt **135**
Dolce vita **121**
ein Doppelpass sein **133**
drakonische Maßnahmen **64**
Drama-Queen **116**
dramatisch sein **116**
du weißt schon wer **102**
im Dunkeln tappen **34**

E

ein Eigentor schießen **133**
eiserner Vorhang **120**
Eulen nach Athen tragen **19**

F

am seidenen Faden hängen **27**
ein Fass ohne Boden **23**
ein Fass ohne Boden sein **28**
mit geliehenen Federn herumstolzieren **76**
mit dem Feuer spielen **8**
seine Feuertaufe erleben **44**
the final curtain **116**
sich etwas aus den Fingern saugen **48**
Der Fisch stinkt vom Kopf. **20**
jemanden unter die Fittiche nehmen **8**
ein Fliegerass sein **114**
Frauen am Rande des Nervenzusammenbruchs **122**
die Friedenspfeife rauchen **99**
einen Frosch küssen müssen **89**
Man muss viele Frösche küssen, bevor man seinen Prinzen findet. **89**
mit dem falschen oder linken Fuß (zuerst) aufgestanden sein **53**

G

die Gans, die goldene Eier legt, töten **77**
Einem geschenkten Gaul schaut man nicht ins Maul. **81**
das Gelbe vom Ei **7**
gelbe Karte **133**
Geld stinkt nicht. **18**
die Gelegenheit beim Schopf packen **25**
Goldenes Zeitalter **92**
den gordischen Knoten durchschlagen **105**
grün vor Neid sein/werden **54**
Gut gebrüllt, Löwe! **116**

H

an einem Haar hängen **27**
sich die Haare raufen **8**
die rechte Hand von jemandem **8**
Eine Hand wäscht die andere. **8**
das Handtuch werfen **130**
ein hässliches Entlein sein **87**
Der Herr hat's gegeben, der Herr hat's genommen. **35**
Houston, we have a problem **9**
wie Hund und Katze sein **6, 8**

REGISTER

I
Ich bin schon da! **80**
In dubio pro reo. **64**
in flagranti **67**

J
in die ewigen Jagdgründe eingehen **99**
Jedem das Seine **68**, **69**
kein Jota ändern **45**
Der ist ein rechter Judas. **35**

K
Kastanien aus dem Feuer holen **78**
k. o. **130**
ein Koloss auf tönernen Füßen **39**
eine Koryphäe sein **116**
ein eingebildeter Kranker sein **97**
sein Kreuz tragen müssen **34**
das Kriegsbeil begraben **99**
Krokodilstränen weinen **49**
so reich wie Krösus sein **30**
Der Krug geht zum Brunnen, bis er bricht. **85**
hinter den Kulissen **117**

L
eine lebende Legende sein **112**
sein Licht unter den Scheffel stellen **41**
den Löwenanteil bekommen **75**
eine Löwengesellschaft sein **75**

M
wie ein Märchen aus Tausendundeiner Nacht **80**
der letzte Mohikaner sein **98**
aus einer Mücke einen Elefanten machen **17**

N
den Nagel auf den Kopf treffen **128**
der, dessen Name nicht genannt wird **101**
navigare necesse est, vivere non (est) **105**

O
Das obskure Objekt der Begierde **117**
eine Odyssee hinter sich haben **91**

P
bloß ein Papiertiger sein **9**, **104**
päpstlicher sein als der Papst **34**
Pattsituation **128**
Pecunia non olet. **18**
Perlen vor die Säue werfen **40**
wie ein Phönix aus der Asche **9**
Noch ist Polen nicht verloren! **105**
die Poleposition einnehmen **132**
einen Pyrrhus-Sieg erringen **105**

Q
Qui tacet consentire videtur. **70**

R
eine Rochade vornehmen **128**
eine Rolle spielen **119**
Rom wurde auch nicht an einem Tag erbaut. **31**
rote Karte **133**
ein rotes Tuch **49**
den Rubikon überschreiten **105**
Russisches Roulette (spielen) **100**

S
ein salomonisches Urteil **37**
zur Salzsäule erstarren **36**
auf Sand gebaut haben **34**
sattelfest sein **104**
Schach bieten **127**
jemanden schachmatt setzen **127**
anderen die Schau stehlen **116**
ein Scherbengericht abhalten/veranstalten/sein **65**
etwas im Schilde führen **104**
ein Schlag unter die Gürtellinie **129**
Schlaraffenland **92**
wissen, wo der Schuh drückt **52**
Es fällt einem wie Schuppen von den Augen. **42**
Schuster, bleib bei deinem Leisten! **51**
Eine Schwalbe macht noch keinen Sommer **73**
Schweigen bedeutet Zustimmung **70**
Wer schweigt, scheint zuzustimmen. **70**
Seid fruchtbar und mehret euch! **33**
sein oder nicht sein **116**
Den Seinen gibts der Herr im Schlaf. **35**
Sesam, öffne dich! **82**
sieben auf einen Streich **80**
Siebenmeilenstiefel **86**
Nach mir/uns die Sintflut! **108**

REGISTER

Das kommt mir spanisch vor. **136**
einen Spaten eine Spaten nennen **12**
Standardsituation **133**
im Stealth-Modus sein **104**
Steilvorlage **133**
den ersten Stein werfen **33**
der Stein der Weisen **55**
Ein rollender Stein setzt kein Moos an. **84**
wie aufs Stichwort **116**
Suum cuique. **68**

T
wie Tag und Nacht **8**
Tanz ums Goldene Kalb **34**
Jemandem fliegen die gebratenen Tauben in den Mund. **92**
nicht so ein Theater machen **116**
Tohuwabohu **35**
auf tönernen Füßen stehen **39**
ein Trojaner sein **24**
ein trojanisches Pferd **23**

V
Vier Hochzeiten und ein Todesfall **117**
ein seltener Vogel sein **11**

W
den Wald vor lauter Bäumen nicht sehen **97**
Die Wände haben Ohren. **58**
ein wandelndes Lexikon oder Wörterbuch sein / eine wandelnde Bücherei sein **57**
sein Waterloo erleben **110**
weißer Rauch **34**
gegen oder mit Windmühlen kämpfen **95**
Der Würfel sei geworfen! **105**

Z
in Zeitlupe **117**
im Zeitraffer **117**
auf der Zielgeraden sein **131**
im Zweifel für den Angeklagten **62**
ein zweischneidiges Schwert **34**

© Duden 2021   D C B A

Bibliographisches Institut GmbH, Mecklenburgische Straße 53, 14197 Berlin

Redaktion Juliane von Laffert
Herstellung Alfred Trinnes
Layout und Satz Burga Fillery, Berlin
Illustrationen Till Laßmann
Umschlaggestaltung sauerhöfer design, Neustadt
Umschlagabbildung Till Laßmann
Druck und Bindung AZ Druck und Datentechnik GmbH, Heisinger Straße 16, 87437 Kempten

Printed in Germany
ISBN 978-3-411-71136-9
www.duden.de

PEFC zertifiziert
Dieses Produkt stammt aus nachhaltig bewirtschafteten Wäldern und kontrollierten Quellen.

www.pefc.de

PEFC/04-31-2260